歴史文化ライブラリー

71

吉川弘文館

東京大学物語

まだ君が若かったころ

中野 実

目次

歴史のなかの東京大学―プロローグ……1

東京大学の歩み

東京大学小史……8
もう一つの東京大学小史……30

東京大学の誕生

東京大学の成立……52
東大生の誕生とネットワーク……71
雇外国人教師たち……88

帝国大学の実像

卒業証書授与式……110
初代帝大総長渡辺洪基と学士養成……126
非職の帝国大学教授……144

学歴社会のなかの帝大

優等生制度の成立と終焉……162
ルサンチマン的大学論の行方……186
参考文献
あとがき

歴史のなかの東京大学――プロローグ

帝大、東大、トーダイと略称されるこの大学について、蓮實重彦現総長はその神話性をつぎのように記している。

東京大学の全貌を提示するのが厄介なのは、こうした規模（一〇学部、一一大学院研究科、一三研究所など）の大きさによるものではありません。問題は、東大と略称されているこの大学をめぐる社会的なイメージの、ほとんど「神話的」とも呼びうる過剰な流通ぶりにあります。語る主体であることよりも、語られる対象となることの方が遥かに多い大学としての東大。あたかもその「神話性」が東京大学の定義であるかのように、事態が進行してしまうのです。（『東京大学の概要』平成九年度）

本書もまた、同じ関心に立っている。トーダイという神話性に屋上屋を架すことだけは避ける。そのことは強く念頭に置いた。「この大学をめぐる社会的イメージ」は、頂点、特権、権威、官僚性などと括られるだろう。あるいは、最初から日本における唯一最高峰の教育研究機関であるとか、官僚臭が強いとか、帝国大学に自助努力などはない、といったイメージがある。

社会的イメージは、データに基づいた根拠のある評価とも言えるし、根も葉もない幻影にすぎないとも言える。これらの固定的、画一的な評価は、語られる対象としての東大とともに「語る主体」も貧しくする。たとえば、近代日本の官学と私学の関係史がある。官学と私学はもちろん、対抗関係として描ける時期もある。しかし、それがすべてでないことも歴史は教えてくれる。帝国大学を中心として大学・高等教育史を描く、いわば帝国大学史観——正確には東京帝国大学史観というべきかもしれないが——と私立大学史観——これも正確には限定的に用いるべきだろう——との乖離に特徴的に表れる。さらにいえば肯定と否定との往復運動が成り立っていない。

このような状況においてこそ、精確、かつ豊かな歴史像、東京大学史像が求められる。鋭い批判、適切な肯定の両方にとっても、歴史のなかの東京大学をいろいろな角度と対象から描くことが、いま必要である。社会的イメージが修正されることもあるし、強化されることもあるだろう。良くも悪しくも一二〇年間の評価にすぎない。大学の歴史はこれからである。

本書は二つからなる。最初にまず二つの小史を記した（「東京大学の歩み」）。一つは文字どおり小史に当たり、キャンパス史を基本にして、前史から最近までを概観した。もう一つは、本書の対象時期の大学メディアを中心にした小史である。本書叙述の素材（資料群）を概括した。これらを提示して、誰もが読後に東京大学史にアクセスできるようにした。

二つめは明治十年の成立から約二十五年間、初期の東京大学の歩みが描かれる。時期を三つに区分し、それぞれの時期のトピック的事項を通して、東京大学像を描いてみた。「東京大学の誕生」の時期は明治十年代になる。東京府下における成立という視点を意識して、創立日、ほかの官立学校と比較、速成課程といった事項から、まとめてみた。ついで最初の東大生（卒業生）という「名誉」を担った彼らを対象にして、進学経緯と卒業後の活動を具体的に追ってみた。日本の近代化に大きな役割を果たした雇外国人教師の教育研究報告書（「申報」）を素材にして、彼らの教育活動の一端を見てみた。

第二の時期を「帝国大学の実像」と括り、東京大学を一変させた帝国大学に三つの側面からアプローチした。「国家ノ須要ニ応スル」大学と規定された意味を、国家的慶事としての卒業証書授与式の形式に注目して考察した。財政緊縮の煽りを受けて、初代渡辺総長自らが訴えるという方法（「移文」）を使い、学生の奨学資金の導入を図ることを通して形成されはじめた、軍、官、産、民、学のネットワーク体制を摘出した。さいごに帝国大学創設の立役者の一人である、初代文部大臣森有礼の帝大におけるブレーンであった植物学者矢田部良吉を取り上げて、初期帝大教授の軌跡を描いた。

「学歴社会のなかの帝大」は、明治三十年の京都帝大設置以後の東京大学になる。この時期に日本の学校体系は確立された。初等教育の就学率は九〇％を超えて、中学校は「高等普通教育」を授ける機関になるとともに、高等女学校が設置された。高等教育体制の整備も進んだ。専門学校が一つの制度類型として認可されたことにより、旧制高校、（高等）専門学校、大学という体制に定まった。このような中、二十世紀直前にはじまった帝大卒業生に対する優遇策、優等生制度を取り上げ、制度の成立と「恩賜の銀時計」を「下賜」された群像の一端に触れた。旧制中学、旧制高校、帝大といういわゆる正系の学校体系が確立される中、大学に対する毀誉褒貶、羨望とルサンチマンも激化、顕在化した。文科大学（文学部）を対象にした単行書（正宗白鳥『文科学々生々活』）から読み込んだ。

以上が本書の概略になる。

『東京大学物語』は、百二十余年の全歴史をトピックス的に語っているわけではない。対象の時期はすでに記したが、副題の「まだ君が若かったころ」でも表現した。対象期間が誕生から約二十五年にあたり、さらに現在までの百二十年余間の六分の一の期間にすぎない、といった歳月を厳密に考えて副題は付けていない。多分に印象的な名付けにすぎない。「明治の東大」「近代日本の出発と東大」とは言わず、『東京大学物語』と決めて、対象とした時期を表現しようとしたら、この副題が口から突いて出てきた。もっと身近に例えれば、大学が誕生してから学部、大学院を卒業するまでの時期に当たる。社会人になる前を「若かった」と括っても、あながち的外れにはならないだろう。

このほか、二つのことを記しておこう。一つは、制度史的事項の解説は最低限に止めた。近代日本の大学、高等教育制度の原型は本書が対象とした時期に形成された。そのため、この時期の東京大学を叙述する時、帝国大学令、評議会、講座制、森有礼、井上毅、帝国大学独立案など、多くの欠くべからざる事項がある。本書はそれらを直接対象として論じないが、背景として十分に意識したつもりである。二つ目は新しい史料、それほど知られていない史料、簡便な一覧などをそれぞれの事項において紹介、あるいは作成してみたことである。雇外国人教師の「申報」一覧、優等生名簿などは、これまで多くが語られながらまとめられることはなかった。また渡辺総長の「移文」、矢田部良吉資料、『文科大学々生々活』などはこれまでほとんど知られていない史料である。既存の歴史像を再検討し、新たな模索のためには不可欠の方法と考える。

なお、史料の引用は、原則として常用漢字を用い、合字は開き、適宜句読点を付した。

東京大学の歩み

東京大学小史

変わる東大

平成六年（一九九四）、『東京大学の概要』に「キャンパス計画の概要」が発表され、はじめて「三極構造構想」が謳い上げられた。構想は本郷・駒場地区などの既存キャンパスの再開発を行い、学術の発展、高度化に対応するため新たに千葉県柏市にキャンパスを取得し、本郷、駒場および柏地区を軸とし、総合的な整備充実を図る、という。本郷地区キャンパスは「三極構造の重心をなすキャンパス」であり、「伝統的な教育研究の型（ディシプリン）を基礎としつつ、それ自身を発展させる教育研究を行うことを中心的な任務とし、重要拠点にふさわしい教育研究環境を整備する」とある。この三極構想をもとに柏キャンパスの取得は進行しており、同時に研究所の移転と新大学院（大学院新領域創成科学研究科、平成十一年度発足時は本郷キャンパス）の設置も行われる。この新キャンパスの取得とともに、大学本部の事務局一元化（従前、事務局と並立していた学生部を事務局の一部局とした）、大学院の部局化（大学院重点化、学部に置かれていた予算配分、教員配置の基準を大学院に変更した）の完了、といったように東京大学史にとって画期となる変化が起こっている。

ここでは三つの変化のうち、本郷キャンパスの形成、移転、接収といった大学キャンパス史に着目した、東京大学の歩みを追ってみる（以下、とくにことわらない限り引用などは『東京大学百年史』〈以下『百年史』〉によった）。

目まぐるしい校名の変遷

東京大学の前史には、二つの系統がある。一つが蕃書調所《ばんしょしらべしょ》、もう一つが種痘所《しゅとうじょ》である。明治十年（一八七七）四月の東京大学の成立は、この二つの系統の結合であった。さらにこのほかに昌平坂《しょうへいざか》学問所とも深いかかわりがあった。前史を簡単に触れよう。

蕃書調所は開国により世界資本主義社会に投げ出された結果、軍事技術の修得および外交文書の処理（翻訳、起案など）のために語学をはじめとして洋学の必要性が認識されて幕府により設置された。安政条約が締結される前年安政四年（一八五七）一月であり、西《にし》周《あまね》、津田真道《つだまみち》、加藤弘之《ひろゆき》などがいた。このの ち洋書調所、開成所と改称する。

種痘所は一八五八年（安政五）箕作阮甫《みつくりげんぽ》、伊東玄朴《げんぼく》、大槻俊斎《おおつきしゅんさい》などの蘭方医が種痘法を普及させるために設けた私設の機関にはじまる。万延元年（一八六〇）には幕府の種痘の官許とともに、管轄も直轄化され、西洋医学所、医学校兼病院と改称した。

昌平坂学問所は寛永七年（一六三〇）に幕府の儒官林羅山《はやしらざん》が上野忍が岡に建てた半官半民の聖堂である。その後湯島に移り、湯島聖堂とも呼称された。寛政十二年（一八〇〇）に昌平坂学問所と改められ、正式に幕府の学校となり、幕末に昌平学校と称した。

明治維新政府はこれらの学校をつぎつぎに復興していった。明治二年（一八六九）には昌平学校を大学校（本校）、開成学校、医学校をそれぞれ分校とする体制を作った。しかし大学校（本校）においてまず国学、漢学両派の紛争が生じた。国学派は八意思兼神《やごころおもいかねのかみ》を主神、久延毘古《くえびこ》神を副として学神祭を挙行し、漢学派は孔子を祀る釈奠《せきてん》を行うなど、対立抗争が深まっていった。さらに洋学色の濃い大学規則が制定されるに及び、今度は国学・漢学派と洋学派の対立が生じたため、ついに最終的手段が取られ、本校は閉鎖された。そして存置された開成学校は大学南校、南校、第一大学区第一番中学、開成学校、東京開成学校と教育研究機関として継続した。医学校もまた大学東校、東校、第一大学区医学校、東京医学校と改称してきた。洋学の隆盛を如実に示す統廃合の連続であった。

移転の連続

蕃書調所はまず九段下竹本図書頭《ずしょのかみ》屋敷に置かれ、のち九段下和学講談所、小川町を経て一ツ橋外護持院原の新築校舎に移転し、維新後の明治六年(一八七三)八月には神田錦町に新校舎が落成していた(現、神田神保町三丁目、学士会館近傍)。一方、医学校は、まず神田お玉が池松枝町に設けられ、類焼により下谷和泉橋通の伊東玄朴宅のある区画に移転し、維新後は下谷和泉橋の旧津藩藤堂和泉守上屋敷に病院とともにあった。

ところでこの時期、実際に移転は成功しなかったが、移転敷地の模索が行われていた。下谷和泉橋町にあった医学校の地は、低平地でしかも市街地に密接していたため、卑湿、汚穢などによる病院内外の衛生管理上の問題、家屋の構造上の不都合などがあり、移転の要求が強かった。最初は上野山内への移転構想であったが、雇外国人教師ボードインの進言――上野の地を医学校用地とすることに強硬に反対し公園にすべきである――によって中止となる。挫折後に本郷への移転がはじまる。

一方、開成学校のほうも専門教育機関化を目指し、神田錦町の敷地の拡大あるいは代替地の入手等を計画していた。明治五年(一八七二)五月、文部省は南校に対して将来専門学校を建築する適地について意見を徴していた。調査の結果、神田錦町の現地、旧湯島聖堂跡、上野山内、神田駿河台の四候補地があがり、最後の神田駿河台が最適地とされた。その理由には「高燥」「空気新鮮」「井水清浄」「自然ノ一城郭ノ形」、花街にも遠い等があげられていた。このとき、本郷は候補地としてさえ挙がっていなかった。

東京大学から帝国大学へ

明治十年（一八七七）四月十二日、東京開成学校と東京医学校とを合併して東京大学が成立した。この年月日を創立日として、一九九七年に一二〇周年の記念事業が挙行された。時はまさに西南戦争が戦われていた。成立の経緯を示す資料にはたんに「各科ヲ並列シ、之ヲ包括シテ東京大学」とあり、積極的な大学建設の方針、抱負はなかったといわれる（「東京大学の成立」に詳述）。東京大学には開成学校系統としての法学、理学、文学の三学部と、医学校系統の医学の四学部が置かれ、さらに東京大学予備門（のちの第一高等学校）という予備教育機関も付属した。学内の管理運営面でも二つの系統は歴然としており、東京大学には医学部と法・理・文三学部とにそれぞれの管理者（綜理《そうり》）が置かれていた。統一された、唯一の管理者（綜理が総理と改称）が置かれるのは四年後であった。この時期から東京大学は内部の組織を確立しはじめる。

明治十九年（一八八六）三月、帝国大学が誕生した。内閣制度の採用は前年であり、帝大は新しい国家制度と軌を一にして成立した。同時期に学校体系の整備、関連諸制度の成立により、東京大学は帝国大学として学校体系の頂点にある唯一の大学となった。帝大は分科大学（現在の学部）と大学院とからなり、法科、医科、工科、文科、理科の五分科大学が置かれた。総長職、評議会、大学院といった現代に継続されている新しい職、組織も誕生した（中山茂『帝国大学の誕生』、寺﨑昌男『日本における大学自治の成立』など参照）。

近代国家の発展に大学・高等専門教育機関が大きな役割を果たすことは世界的に共通している。明治政府はこの大学に大きな期待を賭《か》けた。「帝国大学ハ国家ノ須要ニ応スル学術技芸ヲ教授シ並ニ其蘊奥《うんおう》ヲ攷究《こうきゅう》スル」と目的が明記された。初代文部大臣森有礼《もりありのり》は、大学は国家のために設置した、と直截に語っていた。帝国大学は、極東の一小国たる日本が、世界資本主義の渦中に投げ出され、その国家的独立を達成するために作った大きなシステムであった、といえるだろう。

本郷キャンパスの成立

大学史研究の第一人者寺﨑氏は本郷キャンパスの形成期を時期区分して明治七年（一八七四）十一月に医学部の本郷移転が決定されてから、帝国大学の誕生を挟み工科大学、理科大学校舎の完成をもって各分科大学の集結

大本郷キャンパス

が完了する明治二十一年（一八八八）までを、第一次本郷キャンパス形成期としている（『プロムナード東京大学史』平成四年）。それに従い第一次形成期を描いてみよう。キャンパスの一元化、集結は、明治期の高等教育改革の動向、教育研究の環境整備、学校経済等の関係する重要な課題を内包していた。

　まず、医学部がやってきた。

　医学校の文部省用地であった本郷移転は明治七年（一八七四）十一月に決定し、翌年七月に起工、約一年四ヵ月の歳月を費やして明治九年十一月に竣工し、移転を完了した。現在小石川植物園に移築されている医学部本館はこの時に竣工した。「荒漠タル原野」であった本郷キャンパスに移転した約二年半後に、医学部は開業式を挙行した。しかし実際の不便、非効率性が多々あった。医学部綜理は会議などの場合、本郷から神田錦町へ出張し

図1　明治期の東

なければならなかったし、理学部、医学部などで共通する施設、実験器具、学術雑誌等を重複して持たなければならないとかである。

これに対し開成学校は神田錦町の新校舎建設から二年しか経ていない明治八年六月以来、何度か本郷キャンパスへの移転希望を表明していたが、実現しなかった。最初、明治十一年二月に理学部所用観象台が本郷キャンパスに竣工した。場所は医学部とは反対の方角、現、言問通り沿いの一隅であった。九月、三学部校舎は「規模狭小諸般之布置」が適切でなく「授業上障害不少《すくなからず》」として、まず法学部、文学部の本郷移転が決定された。しかし、全学部が集結を完了するには、あと一〇年弱を必要とした。法文校舎の工事は明治十三年三月に着工された。物価騰貴と政府の財政難によって、いちど中止されてしまい、再開は明治十五年二月、竣工は明治十七年九月であった。ついで理学部の移転がはじまる。移転の理由は地理的に分離しているため、医学部と共用することができる「物理学化学動植物学等ノ諸教室実験場其他図書閲覧室等ヲ始トシ諸般ノ事物」を重複して置かなければならなく、「教務上不便ナルノミナラス財務上等閑ニ付スヘカラサル不利」である、というものであった。本郷キャンパスへの集結の最後は明治二十一年（一八八八）である。工科大学の移転は七月のことであり、十二月には理科大学の校舎も完成した。この後、本郷キャンパスでは各分科大学校舎の増改築が進行していった。

ところで、法・理・文三学部が本郷キャンパスにこだわったのは、それまで神田錦町にあった校舎が専門予備教育を行う教室を中心にしたものであり、専門教育機関としての研究室、実験実習室、器械室などが必要になったからである。本郷地区以外に、総合大学を展開するために必要な文部省敷地が、ほかになかったのであろう。場所と専門教育機関としての位置は確保されたものの、次の難問が経費であった。理学部移転は経費が嵩《かさ》むため、順序を逆転して法・文二学部を先にした。そして教育研究機関としてふさわしい大学環境は経済との関係、学校経済の視点の下で、理学部の本郷移転が考えられた。さきに記したように、教務と財務の効率的運用を図るため、医学部と理学部とを近接させたほうが得策であると主張したのである。

他官庁の専門教育機関の統合と高等教育機関の配置

帝国大学の成立は文部省所管の東京大学を基本としたが、それだけではなかった。司法省の法学校、工部省の工部大学校、農商務省の東京農林学校といった、ほかの官省の専門教育機関を統合した（「東京大学の成立」参照）。これらの専門教育機関の統合とともに、帝大成立時における本郷キャンパスの成立を考えるうえでもう一つ重要な要素がある。本郷キャンパスに隣接する旧水戸藩邸（現、弥生キャンパス）に第一高等(中)学校（東京大学予備門の後身、略称「一高」、東京大学教養学部の前身）が移転してきたことである。本郷通り（旧中仙道）に、「帝国日本」の唯一の帝大と、実態的には大学進学予備教育機関であり、旧制高等学校の代表である一高とが並立し、首都東京、学都東京における教育、学術研究の主要重要拠点の配置が確定した。

この配置を宮城外堀を中心にみると、一度は移転が検討された内側の神田周辺には私立法律系学校が集結し（ただ旧東京大学の関連敷地にあった官立の東京高等商業学校、東京外国語学校はまだ錦町、一ツ橋通町にあった）、外側の本郷には帝大、一高があり、さらにそれに連なって上野山の不忍池《しのばずのいけ》を挟む恰好で東京美術学校、東京音楽学校が置かれていた。

本郷キャンパスの成立は本郷区全体にとっても大きな意味があった。明治の末ころには帝大約一〇万余坪、一高約三万一〇〇〇坪で本郷区全体の約五分の一を専有しており、学者町、古書町を形成していった。『文京区史』(巻三)には、文京区における文教地区としての形成は東京大学が本郷に移転する明治十八年(一八八五)ごろからであったとみてよい、とある。実際に東京帝大の教員の居住番地を調べると(対象は教授、助教授で総計一〇〇人。農科大学は目黒区駒場のため除外した。『文部省職員録』〈明治三十一年五月〉)本郷区五〇人、小石川区一一人、麴町区八人、神田区七人、牛込区六人、下谷・麻布各区五人である。ちなみに麻布区には東京天文台があった。帝大教員の半数が本郷区に居住していた。また学生街、下宿屋も多数あり、明治二十六年当時にはもっとも多く本郷三七〇戸であり、続くのが神田三〇〇戸であった。しかし、こののち交通機関の発達によりその集中度は時代を下るに従い、低くなっていった。

関東大震災と農学部の本郷移転

明治三十年の京都帝国大学の設置にともない、帝大は東京帝大と改称する。大正八年(一九一九)四月に経済学部が新設された。

工科大学が本郷キャンパスへ集結したのち、今度はその内部の拡充が図られていく。キャンパスには、広大な敷地に鉄門を中心とした医科大学が、また正門から三方に放射線状に道路が走る校舎群に理科・法文科・工科大学が配置された。

本郷キャンパスでは次に新しい問題、移転・接収問題が発生してくる。以下ではそれらを中心にみていこう。

大正十二年（一九二三）九月の関東大震災による被害は、全建物面積の三分の一に及び七五万冊にのぼる多数の図書が焼失した。震災の余燼《よじん》がまださめやらぬ九月中旬ごろから俄然、本郷キャンパス移転計画が急浮上した。二ヵ月あまりで決着してしまったこの移転計画あるいは大学敷地問題は、どのような話だったのだろうか。『百年史』編纂の際に、移転計画の急先鋒であった農学部那須皓教授からの聴取りによる構想をまずみてみよう。田中学氏は次のように記している。当時、本郷キャンパス周辺の地価は一坪あたり二〇〇円（当時の中堅教授の月給一ヵ月分に相当した）程度、それに対して三鷹駅から一粁離れたあたりの地価は四円程度で、五〇倍ほどの違いがあった。したがって、本郷キャンパスの一〇万坪を売れば、一〇〇万坪以上の土地を取得することは容易であるばかりか、資金的には相当の余裕ができるはずであるし、これに政府の支出する復興予算を加えれば、たとえばケンブリッジやオックスフォードのように、ゆったりした大学設備に、教官の宿舎、学生の居住区、さらにさまざまな共通施設などを含んだ理想的な研究学園都市が建設可能

図2　震災前の正門(上)と赤門(下)

ではないか。というわけで、那須教授やその構想に共感した教官や学生が候補地を求めて手弁当で立川、八王子、青梅、千葉などを探索した結果、三鷹に落ち着いたようである、と（『東京大学史史料室ニュース』第一四号）。この案は大学都市案とも呼ばれた。欧米留学を経験している大学人の一つの理想郷のようである。ただし移転計画案はこの郊外案だけでなく、近郊案（陸軍代々木練兵場を想定）、本郷居据案もあった。最初の動きはわからない。ただ九月中旬、すなわち震災から二週間後にはすでにその動きは表面化していた。キャンパスの狭隘化、建築群の無秩序・不統一、総合大学の実の欠如などが、震災を契機にした移転計画の背景のようであった。最終的に全教授助教授による投票が行われ、近郊案一五一、本郷案一三一、郊外案一〇三となり、大学都市案は最低得票であった。新天地を求めるがそう遠くには行きたくない、首都近傍でいい、という気持ちが表われていた。日本の近代化では帝都と学都とが分かち難く結合してしまっていたようだ。大蔵大臣に提出された移転に関する意見書には、近郊に移転することにより「世界ニ類例少キ大綜合大学ノ実ヲ挙ゲ研究ノ統一、経費節約ノ目的」が達せられ、さらに本郷跡地は「市ニ交付シ其《その》大部分ヲ公園」にするなどの提案も忘れていなかった。勝手に移転を決定されていた陸軍省が土地譲渡を拒否したため同案も暗礁に乗り上げて、結局本郷居据案となった。さきの得票からいえば、三分の二の教員が見捨てた本郷キャンパスでの再出発であった。震災を契機にした大学移転案、とくに大学都市案は潰《つい》えてしまった。

大震災後の本郷キャンパスの復興整備、校舎建設は、安田講堂（大講堂）の設計者でもある内田祥三工学部教授（建築学）が中心となった。正門と安田講堂とを直線で結び、本郷通りに平行して二つの道路を直角に交差させて軸線を敷くようにしている。

復興整備の一つの課題は、第一高等学校と駒場の農学部敷地との交換による農学部の本郷キャンパスへの移転問題であった。交渉の経緯は省くが、これは明治中期以来の懸案であった。キャンパス移転構想が放棄された段階において、この処理は焦眉《しょうび》の急を告げた。農学部内における本郷移転に対する議論は『百年史』部局史二（農学部編）にさきの那須教授の聞き取りが紹介されているが、学内における移転の論拠は、さきにみたように東大が「帝国大学ノ本宗」であり「綜合大学ノ実ヲ完カラシムル」という点にあった。昭和十年（一九三五）七月、農学部は旧一高敷地に移転し、弥生地区を形成した。農学部の移転をもって、本郷キャンパスへの全学の集結は完了した。しかし、それはわずか七年の短い期間であった。戦争の激化は大学にも直接影響を与え、技術者急速補充の実現を期して第二工学部が千葉県検見川に昭和十七年設置された（昭和二十六年閉学）。戦後は一高が教養学部に改組された結果、駒場キャンパスが成立した。東大の全学部が一つのキャンパスに集結したのは、戦時下の短期間だけだった。

敗戦を挟む短時期に本郷キャンパスは二度にわたる軍による接収という、あらたな問題に遭遇した。

敗戦と本郷キャンパス

関東大震災後の移転構想が潰えたのち、本郷キャンパスをメインキャンパスとして復興事業が進められるなかで、大きな変化の一つが農学部の旧一高敷地との交換であったことはすでに記した。しかし、すでに中国大陸では戦端が開かれ、移転の六年後には太平洋戦争がはじまる。首都爆撃が激しくなるなかで、昭和十八年（一九四三）九月の国政運営要綱中の各種官庁施設の地方移転方針の下、東京帝大の疎開が俎上に挙がった。それは、法・経・文および東洋文化研究所を地方に移転させるというものであったらしい。運営要綱発表の翌月には在学徴集延期臨時特例が公布され、法・文・経学生の徴集猶予が停止され、彼らが出征していくことも勘案されていたかもしれない。疎開（移転）準備は着々と進行して、昭和十九年には千葉県下の第二工学部（生産技術研究所の前身）が検見川農場（キャンパス）に移転することが決まっていたが、十月に至り入営の時期と勤労動員の関係等のため困難とされ、断念することになった。昭和二十年三月の東京大空襲でも、懐徳館焼失のほか本郷キャンパスは大きな被害を蒙らなかった。

このような状況にあって、六月に至り帝都防衛司令部の一つとして本郷キャンパスを使用したい旨が、東部軍管区司令部から申し入れられた。人員は幕僚以下約三〇〇〇人であった。すでに三月に決戦教育措置要綱が閣議決定され、国民学校初等科を除き四月から一年間授業を停止すること、学徒隊を編成すること、学徒を直接決戦に緊要な業務に総動員することなど、とされた。交渉に当たった少将が、陣地といっても結局は自分たちの「死所」になると思われ、「墳墓の地」として本郷キャンパスを提供してほしいと言ったのに対して、当時の内田祥三総長は一日も欠かすことのできない教育研究を行っているのであり、自分たちの「死所」である、と主張して譲らなかった。名実ともに本郷キャンパスを死守したといっていいだろう。

そんな安堵も束の間、敗戦を迎えたとたん、今度は連合国軍総司令部（GHQ／SCAP）の進駐、接収問題であった。この間の経緯はさきの旧日本軍の接収問題とともに、内田総長の「東京大学が接収を免れた経緯について（一、二）」（『学士会月報』六六〇・六六一号、昭和三十年）に譲る。内田氏の日記をたよりに書かれた記事は詳細かつ手に汗にぎる臨場感がある。噂は八月二十日にはすでにはじまっており、九月六日には終戦連絡事務局を通して占領軍から東京帝大の接収についての交渉があった。すでに内田氏は八月二十五日に前田多門文相と懇談して、帝都と東京帝大との密接不可分な関係を述べていた。占領軍による接収（と移転）への反対理由の一つとして、旧日本軍すら接収しなかったのであるから、教育、文化に関心の最も深い米軍は接収免除を了承してほしい、と述べていた。実際にはこの間、軍人がしばしば実地調査に本郷キャンパスを訪れていた。結局第一生命ビルに司令部の本部が置かれて沙汰止みになった。約一ヵ月弱の交渉であった。さらにもう一度、九月二十一日に生じた機甲部隊第八軍による接収問題があった。こちらはその日のうち九時間で解決したが、内田氏は私にとってじつに長い長い一日であった、と述懐していた。江東区越中島の高等商船学校、神田一ツ橋の東京商科大学などは軍による接収が行われており、危機的な状況にあったことは確かであった。二つの軍隊によるキャンパス進駐は、いったいどのような事態を生じさせたであろうか。復員、新入学生生徒の受け入れはどうなっていっただろうか。

戦後、総長に就任した南原繁《なんばらしげる》は戦時体制の払拭に尽力する一方で、積極的に改革構想を提案していった。そのひとつに昭和二十一年（一九四六）一月ころから話題になり、一年間で終息した本郷文教地区構想があった。

これは「本学ヲ中心トシテ上野公園、植物園ニ及ブ地域ヲ文教地区タラシムベキ構想」であった。全体を三つの地区に分ける。まず帝大を中心とする本郷地区を文教施設とし、上野公園を主とする地区は自然公園として整備するとともに近代美術館等を新たに設けて美術関係の中枢とし、御茶ノ水駅と帝大間の地区は国際学術中心地区とし、博物館、図書館、研究所、および学術会館またはクラブを配置する。さらに後楽園および植物園の緑地帯には厚生諸施設を建設する、という構想であった。この構想は移転ではなく拡張計画であり、「一種の大学都市」構想であり、イギリスのオックスフォード、ケンブリッジなどの大学都市がそのモデルとなっていた。敗戦後の東京復興にあたって、東京大学を中心としたこのような「将来の国際文教地区の建設」構想は、新生日本への期待を表明するものであった。

新しい知の模索と新制東京大学

昭和二十二年（一九四七）、「学校教育法」が公布されて日本の学制は六・三・三・四制に切り替わり、新制大学はすべての中等教育修了者が進学できる機関となり、旧制高等学校は廃止された。昭和二十四年新制東京大学が発足した。新制大学への移行にともないいくつもの課題などについては、ここでは触れない。さらに敗戦後から多くの新しい動きもあった。創設以来はじめての女子入学（一九八）、公開講座の開設、さらに戦後早々の昭和二十一年の社会科学研究所の附置などである。「社会科学」という言葉すらタブー視されていたのが一年前であった。ここでは「戦後」を象徴する教養学部を取り上げてみよう。

新制大学は一般教養（前期課程、一般教育課程）と専門教育（後期課程）との結合を目指し、それを東京大学においては旧制第一高等学校と東京高等学校を統合して創設された教養学部が担った。教養学部は全学の前期課程（ジュニアコース）を担うとともに、教養学部教養学科という専門課程（シニアコース）を受け持つことになった。初代教養学部長に就任した矢内原忠雄《やないばらただお》は「真理探求の精神を——教養学部の生命——」と題して、その理想を述べている。「東京大学の全学生が最初の二箇年をここに学び、新しい大学精神の洗礼をここで受ける。ここは東京大学の予備門ではなく、東京大学そのものの一部である。しかも極めて重要な一部であって、ここで部分的専門的な知識の基礎である一般教養を身につけ、人間として片よらない知識をもち、またどこまでも伸びて往く真理探求の精神を植えつけなければならない。その精神こそ教養学部の生命なのである。……一つのことは明瞭である。よい教養学部が出来なければ、よい東京大学は出来ない。新制大学としての東京大学の死命を制するものは教養学部だ」と。教養学部は平成三年（一九九一）の大学設置基準の大綱化以後、ほとんどの大学で教養（一般）教育課程が廃止されていくなかで、創設以来独自な研究教育組織として存在している。

このほか学部では教養学部と同時に教育学部が設置され、昭和三十三年（一九五八）には薬学部が新設されて、学部数は現行の数（一〇）を数えるようになった。戦前期から通して研究所もまた多く新設された。近年においては、元航空研究所の宇宙航空研究所、東京天文台が大学から離れ、文部省の直轄研究所になっている。

本郷キャンパスにはこの間新しい建築群が溢れた。さらに、敗戦後から学生運動の舞台となり、大学闘争の拠点にもなった。その後に持ち上がった構想が立川基地跡地（現、昭和記念公園）取得、移転である。昭和四十六年ころからキャンパス計画が考えられ、翌年には本郷集中型、複数団地分散型、大規模敷地移転統合型の三つが示された。第三の型の移転統合先の候補地には多摩ニュータウン、多摩弾薬庫、立川基地、調布飛行場などがあがっていた。立川基地跡地の移転構想は三三〇㌶を取得して、本郷とともに一大キャンパスとし、文科系部局は本郷に残り、自然科学系学部ならびに分散している研究所を移転させる、というものであった。しかし、このときもまた政府の跡地利用計画大綱案には盛り込まれず、断念することになった。

多くの先人たちの足跡が刻みこまれた本郷キャンパス。キャンパスにも時代が刻印されている。本郷キャンパス小史には今後いかなる歴史が刻まれていくのであろうか。

もう一つの東京大学小史

ここではもう一つの東京大学小史、情報発信源としての東京大学小史を描く。

情報発信主体としての東大

大学はよくわからない。なにをしているのか不透明であり、ブラックボックスのようである。大学教員は個人的研究テーマを持って好き勝手に研究をして、それを学生生徒に垂れ流している。学生は一度入学してしまうと、アルバイトに精を出すばかり、勉強は試験の一時期のみ。しばしばこんな評価を聞く。大学は地上の天国である、といった戦後の思想家もいた。これらの印象の裏には羨望、怨念の対象として大学がある。メダルの表裏のようである。その最たる対象が東京大学であろう。東大以外の大学を思い浮かべる人は少ない。原因はいまだ解明できない。本書全体がその一つの解明になるかもしれない。

ただ、そのような存在としての大学を、はたしてどれほど知っているのか、と考えてみることはあながち無駄ではない。たんに知っている、知らないというのではなく、大学自身が、その組織、運営、教育研究等の情報を社会に向けて発信してきたか、という視点から考えてみたらどうなるか。それは、大学は「象牙の塔」にこもり、自己を隠し、社会に対して閉じてきた機関なのか、という疑問と重なる。

情報発信主体としての東京大学の歩みを概観する試みは、画一的、固定的な東大イメージの解体にもつながり、意外に開かれた機関としての大学が浮かび上がることになるだろう。

さらにもう一つの意味を持たせたい。情報発信主体としての大学を概観することは、大学の歴史を繙《ひもと》くための基本的な文献、資料を取り上げることになる。たとえば、明治時代のお雇い外国人教師の活動を知りたい、と思ったとする。このとき、なにを、どのように調べたらいいのか。それに対して大学はいかなる媒体で、どのような情報を提供しているのかを紹介することになる。著者の資料的な手の内を明かしてしまおう、というわけである

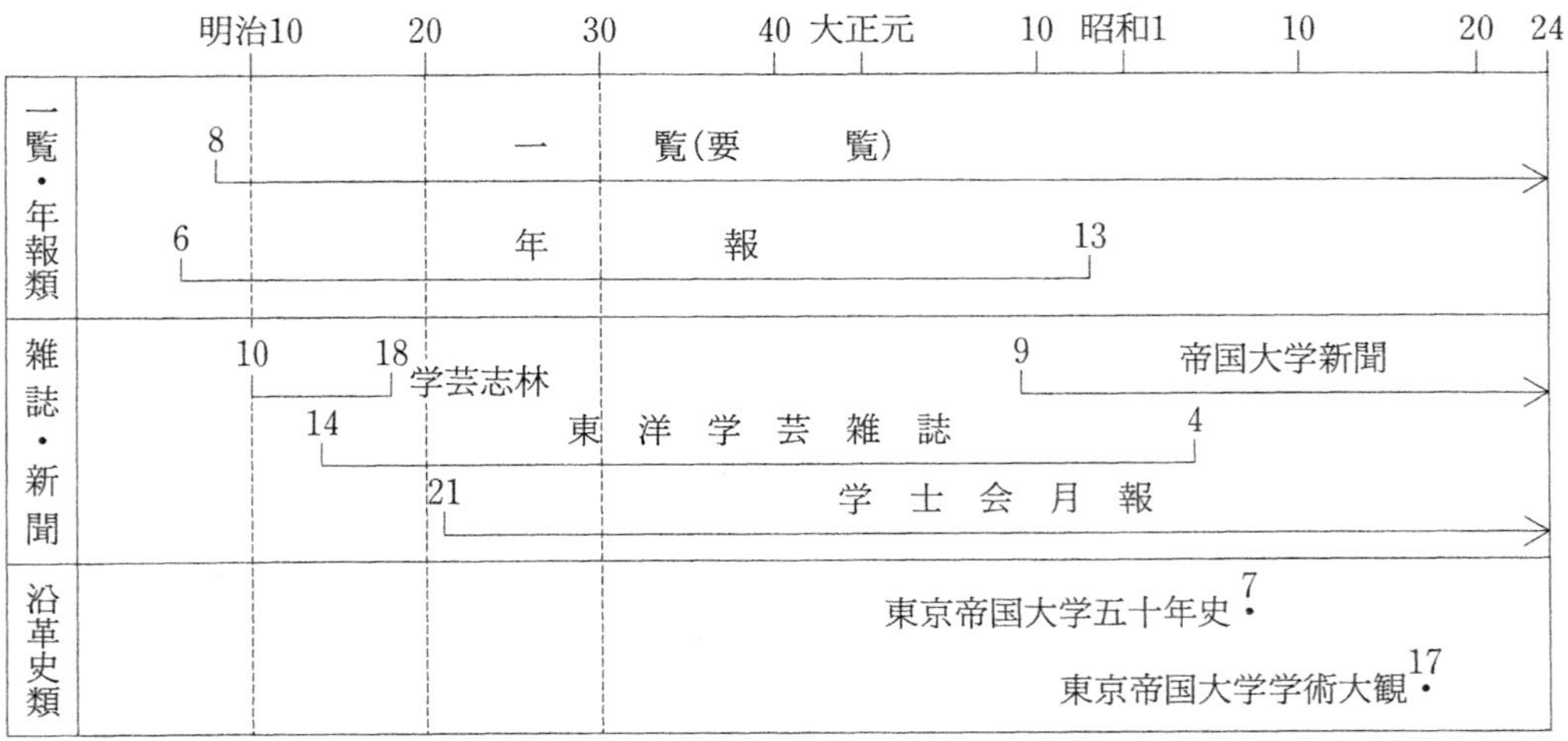

図 3　東京大学関係メディア一覧

各メディアには，形式の変化，敗戦前後の休刊等の断絶が途中にある．ここでは概要を示すことを目的にしているため，それらは省いた．図内の数字は年を表わす．

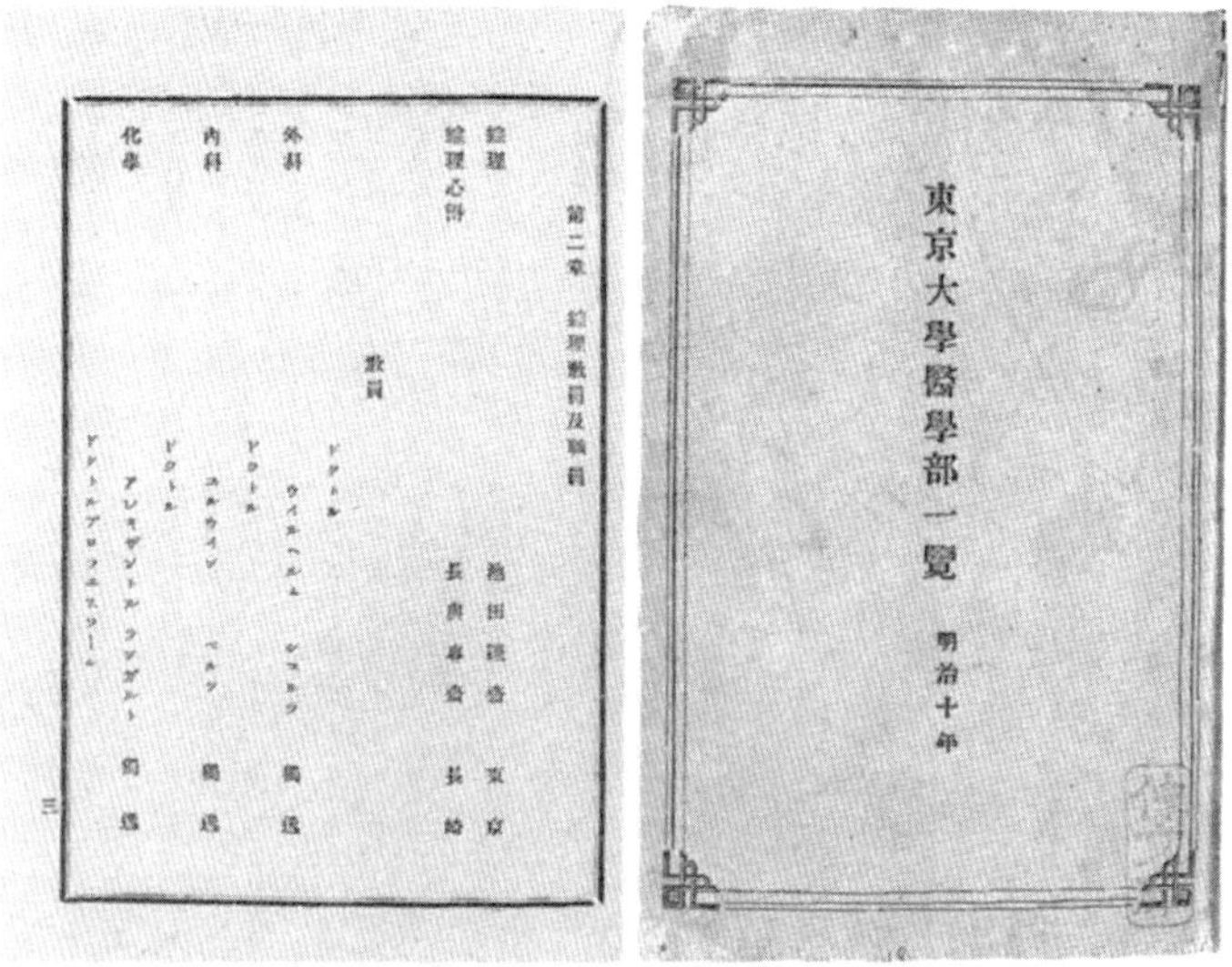
第二章　綜理教員及職員
綜理　池田謙齋　東京
綜理心得　長與專齋　長崎
教員
外科　ドクトル　ウイルヘルム　シユルツ　獨逸
内科　ドクトル　エルウイン　ベルツ　獨逸
化學　ドクトル　アレキサンドル　ランガルト　獨逸
ドクトルプロフエツソール
三
東京大學醫學部一覽
明治十年

図4　一　　　覧

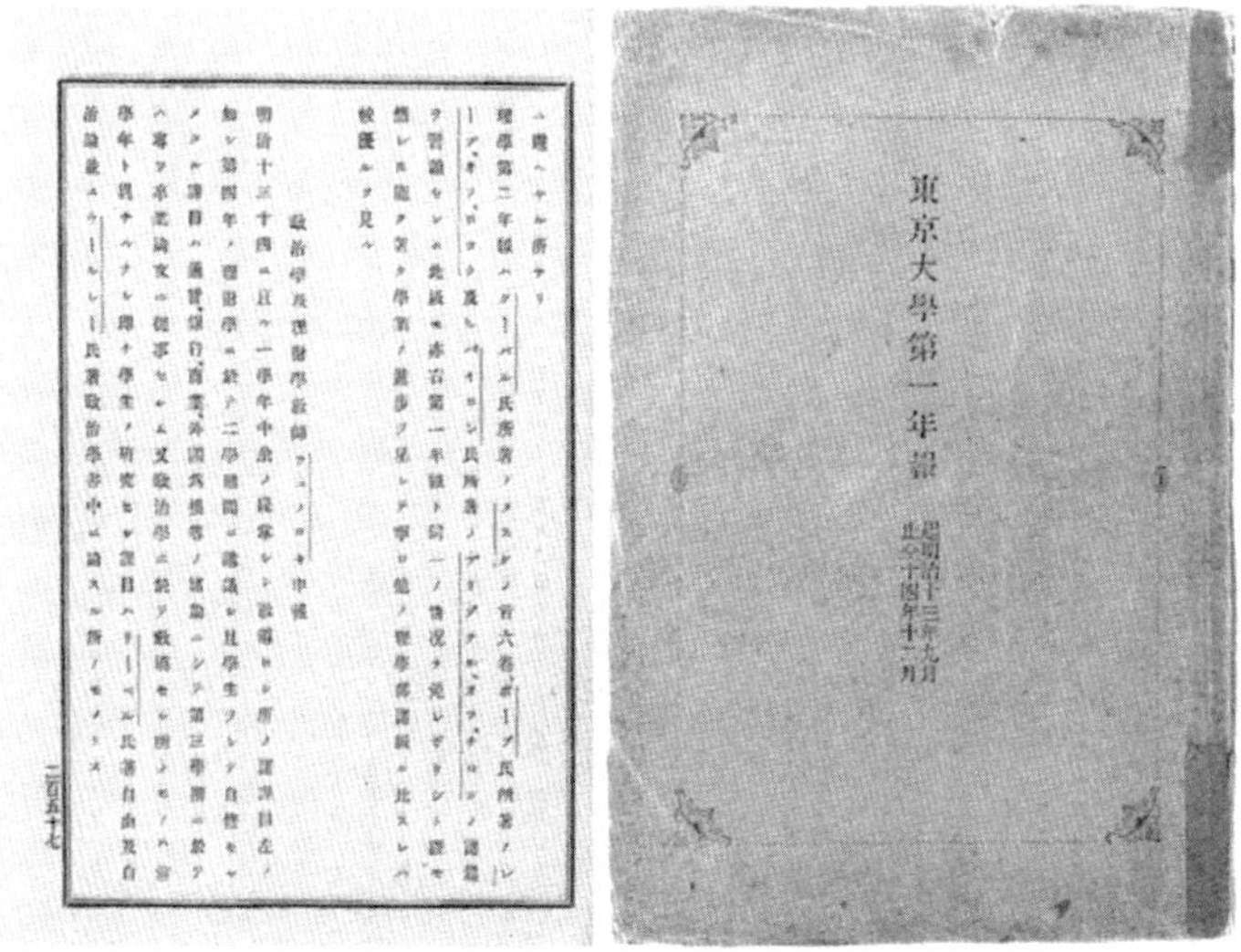
東京大學第一年報
自明治十三年九月
至同十四年十二月

図5　年　　　報

る。多くの人々により、多様な関心の下に近代日本の大学像が探求されることを期待するからである。ただし、研究成果にあたる研究紀要類はここでは省き、機関としての大学、東京大学が継続的に編集、発行した情報媒体、広報誌類を中心に取り上げる。対象とするメディアの種類と刊行状況は図3にまとめてみた。まずは通史的なメディアを概観したのち、本書の対象時期である明治期を見る。

大学一覧と年報

最初に断定的なことを述べると、大学（学校）の全体像をとらえるには、「一覧」（Calendar）と「年報」（Annual Report）しかない。教育研究機関の基幹資料・文献といってもいい。情報の発信源と同時に収集拠点でもある大学を全体として対象化しようとすると、「一覧」「年報」の重要性は強調してもしすぎることはない。明治十年（一八七七）の東京大学創設以前から、全学的なメディアとして、「一覧」「年報」あるいは概要と称される刊行物がある（「一覧」「年報」については、「東京大学百年史編集室通信」や東京大学『学内広報』などを参照した）。

まず「一覧」である。「一覧」は和文と英文とが編集、刊行された。『東京大学一覧』は創設前を含めると、明治八年から昭和四十四〜四十五年度までの約九四年間にわたり編集、刊行された。ただし、「一覧」の編集・刊行は東京大学のみの事業ではなかった。国立国会図書館編『明治期刊行図書目録』（一九七六年）によれば、もっとも古い時期の「一覧」は明治八年二月の『東京開成学校一覧』であり、明治十年代に入ると東京大学、同予備門、東京外国語学校などの官立学校をはじめとして、『東奥義塾一覧』（明治十一年九月）など、私立学校も発行していた。この目録にはないが、専修学校も明治十六年（一八八三）七月に「一覧」を編集、発行していた。学校情報を社会に知らしめる、存在をアッピールするといった情報発信は、早い時期からはじめられていたと言える。

東京大学の「一覧」（要覧）を素材に具体的に見ていこう。英文の university calendar にあたる。最初の「一覧」の内容構成は学校の目的および編制、入学試験および法式、教則および課程表、試業および等級、学士称号および卒業証書、学歳（年）・休業および時限、書籍および器械等、生徒心得、生徒費用その他からなり、さらに巻首には沿革略史、巻尾には教職員および生徒名簿が置かれた。最初の「一覧」には、「東京開成学校ハ文部省ノ所轄ニシテ諸科専門ヲ教授スル為ニ設クル大学校ナリ」と目的が書かれていた。「一覧」には学校としての基本的事項が満たされており、全学の概要が示されている。何年度は、いかなる科目が教授され、どのような教職員が在職していたか、などはこの「一覧」が有力な手がかりとなる。後年の分も含めて概観すると、「一覧」の構成要素は沿革略、職員、法令ならびに規則、各学部学科目、付属研究施設、旧職員、在学生、卒業生、施設図などである。

「一覧」において継続的に取り上げられている項目は、左記のとおりである。

卒業生全員の氏名　明治二十一―二十一年版〜大正七―八年版
配置図　明治二十四―二十五年版〜昭和四十四―四十五年版
学生出身地、年齢、卒後職種　明治二十四―二十五年版〜昭和四十四―四十五年版
職員異動　明治四十四―四十五年版〜昭和三十一―三十三年版
旧職員　大正五―六年版〜昭和四十四―四十五年版
卒業生学科別年次別表　大正七―八年版〜昭和四十四―四十五年版

右の「卒業生全員の氏名」はその名のとおり、明治九年の薬学科卒業生から大正七年までの卒業生一覧であり、東京大学卒業生調べの必携になる。また、この年版までの氏名録は卒業成績順に掲載されており、卒業順位は一目瞭然となる。学校における知的能力（学力）の判定を校内に掲示したり、社会に公表するということは、明治期には広く行われていた（天野郁夫『試験の社会史』参照）。試験点数による人材選抜が常態化していた、といえるだろう。

「一覧」は和文と英文とが刊行された。英文「一覧」編集の目的は、外国人教師に対して学校の趣旨、規則を周知徹底させて誤解をなくすことにあった。この和文と英文との対照は知的刺激に満ちた研究になるだろう。ところで、継続されずになくなった事項がある。学科要略（Syllabus）と試験問題（Questions）がその一例になる。（たとえば『東京開成学校一覧』明治九年）。Syllabus は現今では講義要項、概要とか呼ばれ、全教員に作成させるなど大学教育改革の一つの目玉になっているが、すでにこの時期に行なわれていた。同じ明治九年の「一覧」を見ると、一六四ページ中六八ページが学年試験問題にあてられている。試験問題は、当時の生徒に対して期待された知の水準を示しており、今後注目されていく資料であろう。しかしながら、これら二つの事項は、遅くとも帝国大学が成立したのちの明治二〇年代には消滅してしまう。大学における教育現実が一つ隠されてしまうことになった。

「一覧」は活版印刷され、かつ頒布されていた。たとえば明治二十四、二十五年版の奥付には、編纂兼出版帝国大学、印刷所薬研堀活版所、売捌所丸善商社書店とあり、定価三〇銭であった。この年の「一覧」は五〇〇ページ弱ものボリュームである。発行部数に限っていえば、決して多くなかったことが次に述べる「一覧略表」の緒言から判断できる。

「一覧」が大部かつ堅牢なイメージなのに対して、「一覧略表」はハンディーかつ大量頒布を目指した。明治十四年〜十五年の「一覧略表」には発行の趣旨を、緒言にて次のように記している。「本学ニ於テハ毎年東京大学一覧ト称スル者ヲ印刷シ諸学科諸規則等一切之《これ》ヲ掲載ス然《しか》レトモ該一覧ハ大冊ニシテ一目其概略ヲ尽スニ便ナラス且《かつ》其部数ニ限リアルヲ以テ広ク之ヲ頒布スル能《あた》ハス故《ゆえ》ニ本表ヲ印刷シ普《あまね》ク入学志願者ニ便ニス」とある。入学志願者を対象にしたこの「一覧略表」には、学部学科、予備門、医学予科、別課医学科、製薬学科の学年別授業科目、入学試業、東京大学規則概略、教員名簿（担当科目）、学生生徒と卒業生の現数が記されている。「一覧略表」の部数、配付先が不明なため、実際にどれほど流布されていたかはつかめない。大学が期待した成果があったかどうかも、わからない。確実なのは、大学にとって「入学志願者ノ便」は決して無視できるものではなかったことである。しかし、明治二十四年〜二十五年においては、同じ内容の「一覧略表」が「一覧表」となり、入学志願者云々はなくなり、たんに「閲覧ニ便ニス」となる。全学の概要的色彩が強くなっていった。形態は大判折り込み一枚もので、縦六八センチ×横七八センチの両面活版刷である。

明治期から大正期にかけての、大学全体の公的な年次記録として、「年報」がある。「年報」は基本的には所管長官に対する機関の年次報告であり、一般に向けての公刊（情報発信）という性格はない。しかし明治十年代の一時期には活版印刷され、一般にも頒布されていた。東京大学関係の年報は『文部省年報』所載の分も含めて、現在確認されるのは第一大学区第一番中学から開成学校へと専門学校に改組された明治六年（一八七三）から大正十三年（一九二四）までである。それらの「年報」のうち、『文部省年報』収録分もあわせて、明治二十三年までの分は復刻されている。本書はこの復刻版を使用する（東京大学史史料研究会編『東京大学年報』全六巻。各巻には「年報」の成立、構成などの詳細は解題があるので、参照してほしい）。

「一覧」の検索に用いた『明治期刊行図書目録』にもあるように、「年報」も多くの学校が発行していた。

「年報」の内容は、庶務の概要、規則改廃、人事、教育研究の実況、統計的諸表などから構成されている。「一覧」と「年報」との違いは、前者が現況の概要を表現しているのに対して、後者は軌跡の概要を示している点にある。「年報」は年次報告という性格から、月日を追って記録してある。規則の改廃、教職員任免、学術調査旅行などが、日を追って記録されている。文部大臣への事務報告書であるため、記述の内容がスタティック、事務的になることは否めない。しかし、前年度の実績を示すということにあれば、基本的項目のほかにも新規事業の意義、効用にも言及しており、大学の日常性を細部にわたって教えてくれる。

二つを例示して、「年報」の内容の豊さを示してみたい。一つは夏期休業のことである。明治七年（一八七四）に七月十六日から八月三十一日までを夏期休業とした理由は「生徒ヲシテ前期苦学ノ鬱悶ヲ暢散《ちようさん》シ或《あるい》ハ行旅シ身体ヲ強健ニシ以テ他日ノ勤業ニ耐ヘシメンカ為《ため》」（『東京開成学校第二年報』）にあった。休業は勉学からの解放と健康増進とに目的があり、社会の実相を知るためのボランティア活動や、学費、寄宿費などを捻出するためのアルバイトを行うことにはなかった。生徒を寄宿舎からすべて去校させ、帰省あるいは下宿させることにして、その間に校舎修繕、前学年の記録編成、諸般の整備など、学校管理上の便益も図っていた。翌年には七月十一日から九月十日までとなり、休業期間がほぼ二ヵ月間に延長された。延長の理由は、教授と生徒は「心思ノ疲労」が激しく、小学校、中学校の比ではないため、といっていた。当時は欧米の制度に倣《なら》い九月学年開始であったため、夏期休業期間は学年の切り換えとなり、教育、学習上の継続性は問題にならなかった。

二つめは明治九年（一八七六）十月に新築された講義室の件である（『東京大学法理文三

学部第五年報』)。約六百余人の聴衆を収容できる講義室の新築には三つの主意があった。第一は「生徒ヲシテ課業ノ余互ニ演説討論ヲ肆《し》習《しゅう》スルノ場ニ充ツル」ため、第二には「会同ヲ隆盛ニシ教員生徒ヲシテ普《あまね》ク思想ヲ通シ公論ヲ聴キ意見ヲ弾シ偏見ヲ除キ真理ヲ講究スルニ便ナラシメンカ為メ」に設けた。これまで同校においては生徒たちが講談会、研究報告会などを開催していたが、「団欒《だんらん》数百ノ衆ヲ相会スベキ」施設がない状況を改善する目的があった。さらに第三は「教授上ノ便利ノ為」にも設けた、といっていた。小学校、中学校の授業形態と比較して、次のように記していた。「凡《およ》ソ大学校ニ在テハ中小学ノ如ク生徒ヲ二十人或ハ三四十人ノ級伍ニ分チテ教フルコトヲ為サス、別ニパブリック・レクチュールノ法ニ因リ生徒百人或ハ二百人ヲ会シ教師一人ニシテ講義学科ヲ授クルヲ得」るとしていた。「パブリック・レクチュール」がどのように考えられていたかわからない。イギリスのオックスフォード大学の場合、パブリックレクチャーはカレッジのプライベートレクチャーに対して、大学全体に開かれた講義という意味らしい。多数の聴衆（生徒）を対象にして一斉に講義ができる、という現在でいえば大教室におけるマスプロ教育が大学における特色ある教授形態として考えられていたことは確かである。もちろん、ここに明治八年五月に開館した慶応義塾の演説館への政府、文部省の対応意識を読むこともできる。明治十年（一八七七）三月十日に講義室開席が催された。福沢諭吉は招かれて祝詞を述べた一人であった。福沢は開成学校生徒の教育費を槍玉に挙げた。開成学校の生徒費用は一人に一年五、六百円となり、田舎の小学校では一人に一年一円二〇銭程度であり、その差は五〇〇倍に達する、と。続けて彼は言う。「抑々開成学校の生徒は日本の果報者と云ふ可《べ》し、秘蔵息子と称すべし。果報者たり秘蔵息子たるは当人の幸なれども、次第に之を集めて現に一万の数に至らば、一年の所費五、六百万円と為《な》り、之を十倍して十万と為らば、日本政府の歳入は秘蔵息子の賄に供して余なきに至る可し」（『福沢諭吉全集』第十九巻、六二九ページ）と苦言を呈することは忘れなかった。

このように「年報」は、さまざまな情報を与えてくれる。「年報」に収録されている内外国人教師による「申報」は、管理者としてのそれとは異なり、教育研究の実況を伝えており、きわめて興味深い内容になっている（「雇外国人教師たち」参照。なお各年報の収録期間を示した一覧を掲載してある）。

以上が東京大学の情報発信の基幹資料である。

時期別の大学の情報発信

明治期、それもごく短期間刊行されたメディアとしては『学芸志林』がある。全学の総合的学術雑誌としての『学芸志林』は、東京大学発足の四ヵ月後の明治十年八月から明治十八年まで全一〇三冊（含む附録）が刊行され、市販された。当初の編纂主体は法・理・文三学部、のち医学部も含め東京大学となる（前掲「東京大学百年史通信」参照）。欧米学術の紹介を中心に編纂された同誌は、明治十六年十一月から「東京大学毎月略報」を巻末に掲載しはじめる。最初の毎月略報には学科新設改正、学術研究派遣、教員任免、学生々徒ノ事（卒業学生生徒、褒賞給費生、予備門褒賞給費生、官費給費生、官選撰科生、留学生派遣など）、図書器械標本増数、小石川植物園、医学部医院患者計数がある。さきの「一覧」「一覧略表」「年報」が年刊であること、またその時点の概要を伝えるものでしかないことを考えれば、この毎月略報はアップデートな情報として貴重である。当初の目的は職員に対して「実施セル諸般ノ事項」をまとめて示達することにあった。しかし、明治十九年一月の「都合有之当分休刊」という通知にもかかわらず、『学芸志林』は廃刊されてしまう（百年記念事業の一つとして原書房から全巻復刊された）。

これ以降、東京大学は「一覧」と「年報」を除けば、全学の概要について自らが編集主体となる持続的・継続的メディアを持たなくなる。ただし、監督官庁である文部省が編集、刊行した『文部省年報』には、数量的データは掲載されていく。

大正時代に入ると、『帝国大学新聞』が登場する。『帝国大学新聞』（以下、帝大新聞）は大学ではなく、学生の手により大正九年（一九二〇）十二月に創刊された。これ以前東京帝大には類似のメディアはなく、帝大新聞は全学の動向を報道する唯一のメディアとしての機能を果たすことになる。学生新聞としては、大正六年七月に刊行された慶応義塾大学学生新聞『三田新聞』につぐメディアとなる。発行にあたって示された現状認識を一部分引用しておこう。「甲の学部に属するものは乙の学部に何事の起れるかを知らざるのみならず、自己の学部に於て為されつゝある事をすら完全に又敏速に知るを得ず。常に密接なる関係を以て結ばるべき職員と学生との間にも何等の連絡なく、学生と卒業生との間にも相互に消息を通ずる機関をも有せず、又学生は其父母兄弟に対して学校に於て何事を為されつゝあるかを通信するを得ざるが如き状態を続き来れり」（『百年史』通史二、四六一ページ）と。まさに帝大新聞の発行は大学世論の然《し》からしむところであったことがわかる。創刊号の定価は二〇銭、二号は一〇銭であり、五〇〇〇部を売り捌いたという。帝大新聞はじつに多くの情報をもたらした。時事問題とその解説、教授会開催、職員異動などの公的記事、入試関係、各大学、高等学校などの消息などである。『百年史』の編纂に際して、大正期以降の全学的動向や大学社会を巡る状勢は、『帝大新聞』記事にかなりの部分を負ったことは言うまでもない。昭和九年（一九三四）には創刊五〇〇号を契機として、総合的な学術・大学年鑑を目指して『帝国大学年鑑』を刊行し、「知識人の百科全書」を自負していた。帝・官・公立大学のほか私大を含めた昭和戦前期の唯一の大学年鑑であった。

昭和戦前期に至り、東京大学も五〇年余の歴史を刻むことになり、二つの編纂物を刊行した。一つは『東京帝国大学五十年史』（以下、「五十年史」）であり、もう一つが『東京帝国大学学術大観』（以下「学術大観」）である。前者は昭和七年（昭和二）、創立五十年記念事業の一つとして刊行された。昭和三年に五十年史編纂事業の具体的方針が確認され、以来四年有余の歳月を費やして完成された。監修服部宇之吉、編集、執筆は若き文学士大久保利謙《としあきら》が担った（大久保利謙『日本近代史学事始め』参照）。菊判、全二七六二ページ（上下二冊）で四〇〇〇部印刷され、三円以上五円以下で発売の見込がたった、という帝大新聞記事（昭和七年十一月二十八日付）がある。五十年史編纂中の昭和五年、東京大学の創立日について再検討が行われ、昭和十一年にそれまでの帝国大学令公布記念日の三月一日をやめて、四月十二日に変更した。『学術大観』は皇紀二千六百年（昭和十五年）奉祝記念事業の一つとして、昭和十七年に全五巻が刊行された。昭和十五年に編纂が決定され、二年有余を経て完成された。『五十年史』が制度の沿革を中心にしたのに対して、東京大学を中心とした学術内容の発達過程を記録した。総説（通史）および各学部学科、研究所、図書館などについて詳述されている。『五十年史』と『学術大観』との二著の刊行により、東京大学はようやく正確な歴史書を持つこととなり、それまでの「一覧」（要覧）の刊行とあわせ、大学全体の歩みと概要を示すことができるようになった。

「一覧」は敗戦後、昭和二十八年（一九五三）に、昭和十八年から二十七年までをまとめたものが出された。しかし、大学としての全学的情報メディアの刊行に対する動きはにぶく、大学紛争時の『資料』（東京大学広報委員会編）まで待たねばならなかった。『資料』は東京大学「紛争の全学的規模への拡大にともなう教官側の情報の不足や流通不備を補なう」ため、昭和四十三年十月に刊行された。ところが「一覧」が昭和四十四年〜四十五年版を最後に編纂が中止されてしまい、全学的なメディアとしては『資料』の後身にあたる『学内広報』のみの時代が現在まで続いてきている。同広報は、『資料』を昭和四十四年七月の第三八号から改称して発行された。それまでの「事件」中心の編集に対して、『学内広報』は全学的関心を呼ぶ各種の問題をも取り上げる、いわば「問題」中心の編集にやや重心を移した、という（『学内広報』第三八号）。

その間、『東京大学百年史』（全一〇巻、昭和五十九年〜六十二年）の編纂が行われ、平成四年（一九九二）には東京大学における教育・研究と管理運営等の現状をまとめた『東京大学　現状と課題』がはじめて刊行された。

大学以外の情報発信の担い手たち

以上が情報発信主体としての東大小史の概要である。このほか東京大学の情報は、関係者の編集、発行にかかる雑誌からも発せられていた。その一つに専門学協会の機関誌がある。明治期に限定してそれら以外のメディアを見てみよう。代表的な雑誌としては、『東洋学芸雑誌』と『学士会月報』とが挙げられる。

『東洋学芸雑誌』はイギリスの科学雑誌 *Nature* に範を採り、東京大学関係者（杉浦重剛・千《ち》頭《かみ》清臣《きよおみ》・井上哲次郎など）が発起人となり、本書にもしばしば登場する加藤弘之・外山正一・菊池大麓などの全面的支援があった。明治十四年（一八八一）十月創刊され、昭和五年（一九三〇）十二月まで継続した。哲学、政治、歴史などの科学的知識の啓蒙を目指した総合雑誌であった。学則改正、入学式、卒業式、学生生徒の動向、人事などを報道していた（山室信一編『マイクロフィルム版明治期学術・言論雑誌集成　別冊』一九八七年）。

『学士会月報』を発行した学士会は、旧東京大学卒業生を含めて「帝国大学ニ関係アル学友相会シ友情ヲ保チ親睦ヲ厚フスル」という目的を持って明治十九年（一八八六）七月に設置され、雑誌を発行した（現在に至る）。慶応義塾出身者たちの社交《こう》クラブである交詢《じゅんしゃ》社の創設から六年後であった（交詢社も雑誌を発行していた）。『学士会月報』には、卒業生の動静をはじめとして論説、人事、学位授与、入学式、卒業式、帝大図書館図書受贈などの多くの情報を掲載していた。京都帝大から卒業生が出るまでは、東京大学のみを対象にした雑誌であった。帝国議会の開設を目前にして、朝野の議論を沸騰させた帝国大学独立問題についても、『学士会月報』は堂々と論陣を張った。というより、先鞭をつけた。「帝国大学ハ官猟者ノ養成所ナルカ」「帝国大学独立按」（阪谷芳郎）、「帝国大学之独立」（沢柳政太郎）など、新学士たちが熱心であった。これらは、さきの『帝国大学新聞』発行までの間、「一覧」「年報」の行政的情報しかない期間を補うにたる情報源である。

さらに創設から一〇年を経たころから、東京大学を「語る」、東京大学にとっては「語られる」メディアが登場する。二次的な情報媒体ともいえる遊学、進学案内書類である（菅原亮芳「明治期『進学案内書』の基本的性格とその歴史的役割に関する一試論」〈『立教大学教育学科研究年報』第三十二号、一九八八年〉など参照）。最初の進学案内書『地方生指針』

は明治二十年（一八八七）六月に刊行され、その後陸続と出されていく。明治二十五年の『東京遊学案内』は遊学者の注意、各学校の規則、入試試験問題からなり、各学校の規則の第一章官立高等諸学校の筆頭に帝大が紹介されている。内容は「総則教旨」からはじまり「学科課程」「修業年限」「学年学期休学」などと続き、「学費及授業料」「校舎職員学生」で終わる。学費は授業料、寄宿料、被服料、薪炭等のために一ヵ月およそ一〇円内外が必要である、と記している。さらに、学生についてはさきに紹介した明治二十四、二十五年の「一覧略表」から明治九年以来の総数「卒業学生職務種別人員表」を転載している「行政官吏」「司法官吏」「府県立学校教員」「官庁技術員」「官庁医員」といった近代セクターの職務が羅列されており、多くの青年の「立志」を駆り立てたであろう。これらは大学としての情報発信ではないことにより、「語られる」帝大の姿を、願望とルサンチマンとをない混ぜにして描いていた。

明治三十年京都帝国大学の創設にともない、帝国大学は東京帝国大学と改称した。この時期の特徴は帝大（東京帝大）の実情を紹介する小説、評論が刊行されたことである。明治四十一年『朝日新聞』に連載された夏目漱石の『三四郎』はあまりに有名である。新聞の連載小説として描かれた帝大は、全国規模でその存在をあらためて紹介された、といっていいだろう。これほどの広報活動はこれ以前には当然なかったことである。現実には遠い存在である帝大が、『三四郎』を毎日読むことで身近に感じられる、という作用をもたらしただろう。もちろん、これ以前には坪内逍遙『当世書生気質』（明治十八〜十九年）などの学生生徒を描いた小説類も多数刊行されてきていた。しかし、やはり大学論が隆盛になるのは、二十世紀に入ってからである。このほか、正宗白鳥がXY生なるペンネームで書いた『文科大学学生々活』（明治三十八年、「ルサンチマン的大学論の行方」参照）、泉豊春『帝大教授学生気質』（明治四十三年）が上梓された。

情報発信主体としての東京大学小史の概要は以上である。

まず大学自身が中心となり情報を発信して、その関係者によるメディアが周辺事情を知らせる。さらに学校体系の整備にともなう遊学、進学案内書による情報、小説、ルポルタージュ類の情報が発信される。神話化される契機はいくつもあるようだ。

東京大学の誕生

東京大学の成立

さだまらぬアイデンティティー

東京大学は現在、創立年月日を明治十年（一八七七）四月十二日に置いている。この創立日は創設と同時に決められたわけではなく、翌年でもなかった。定められたのは明治十八年の年末であった。政治史的には太政官制度から内閣制度への転換期にあたり、帝国大学への改組という大学改革が進行していた時期に当たる。東京大学には創立以来約八年間、創立日はなかった。別言すれば創設から帝国大学への改組まで、かりに第一期東京大学時代と呼べば、第一期の全期間を通して大学の大学たる起点に関する共通認識は形成されていなかった、ということである。全学挙げての催し物は、卒業式（学位記授与式）と運動会ぐらいであった。

当該機関の構成員の意識を統合して、機関へのアイデンティティー、帰属意識を強める象徴的な日として創立記念日がある。創立日は明治十八年十二月に制定され、最初の記念日は翌十九年四月十二日にあたっていた。前章から読んできた方にはお気付きのように、この時点には東京大学はすでに消滅して、帝国大学が誕生していた。ようやく制定された創立日は、帝国大学令制定日にあたる三月一日に変更されてしまった。そのため東京大学の最初の創立記念式典は、一年後の明治二十年三月一日、帝国大学令公布紀念日として挙行された（明治四十四年以降、紀を記に変更する）。帝国大学は、決してそれまでの議論を踏まえることなく、起点をみずからの設置日、依拠法令の制定日に置いた。現行の日程、すなわち明治十年四月十二日を創立年月日とする方針は昭和十二年から採用された。四月十二日の決定という日程から計算すると、今年は六二年目にすぎなくなってしまう。また、創立日における入学式の挙行は昭和二十一年度からはじまった。

東京大学の出発点である、第一期の末年に制定された創立日には、どのような議論があったのだろうか。その経緯を見てみよう（以下は酒井豊「東京大学百年史通信」第八〜一一号、『学内広報』、『百年史』通史一を参考とした）。明治十八年十一月、事務方は創立日制定に関して「欧米之諸大学ニ於テ創立之日ヲ以テ紀念日トシ、年々一回或ハ数年ニ一回右創立之日ヲ祝日ト致シ候学校モ有之哉《これあるや》ニ伝承候、就而《ついて》ハ本学ニ於テ左ノ両日ヲ以テ紀念日ト被相定《あいさだめられ》候而《て》ハ如何《いかん》乎」として、二つの時期を提案した。九月二十六日と四月十二日である。九月二十六日は「明治元年六月二十六日医学所（医学部ノ紀元）ヲ江戸ニ置カレ同年九月十二日開成所（法理文部ノ紀元）ヲ復興セラレシニ付一方ニ偏セサル様月ト日ト一方ヲ取リシナリ」と説明され、四月十二日は「開成学校ト医学校ヲ合セ東京大学ト改称法理医文之四学部ヲ置カレシ日ナリ」である。まずここで確認しておくべき点は、昌平黌《しょうへいこう》が淵源《えんげん》として考えられていないことである。この事務局案は法学部長穂積陳重《ほづみのぶしげ》、医学部長三宅秀《ひいず》、理学部長菊池大麓《きくちだいろく》、文学部長外山正一《とやままさかず》をはじめとして、副総理浜尾新《はまおあらた》、総長加藤弘之《ひろゆき》に回覧された。外山正一と菊池大麓は共同して「九月二十六日ト旧蕃書調所設立ノ日トニ致置テ如何」「旧蕃書調所ハ総《すべ》テノ元カト存候其設立ノ日ハ如何」という二つの意見を提出した。彼らの意見の特徴は、二つの記念日という考えは踏襲して、特に蕃書調所の設立を強く押している点にある。「旧蕃書調所ハ総テノ元」とは、彼ら出身者にとって自然な選択かもしれないが、種痘所以来の歴史を有する医学部系統にしてみれば、手前勝手な見解にすぎない。三宅は二つの記念日は「笑事」として「四月十二日ノミヲ以テ記念日ト致シ可然《しかるべく》存候」と述べた。さらにいくつかの議論がなされて、記念日は一つとし、さらに維新後のことを重要視するということになり、最後に加藤の以下のような意見が採用された。

此学校ハ蕃書調所医学所抔《など》ヨリ淵源シ来タレトモ併《しか》シ今日ハ既ニ西洋学校ノ性質ノモノニアラサレハ蕃書調所開成学校医学校等ノ創立ヲ以テ紀元トスルハ不可ナラン寧《むし》ロ東京大学ノ称ヲ得テ純然タル日本大学トナリタルノ日ヲ以テ此学《しがく》ノ紀元トスヘシ

これを受けて十二月十四日付けで文部卿に提出された伺《うかがい》の理由には「東京大学ト称セラレ候以来初メテ純然タル日本大学ノ位置ヲ占メ候事ユヘ此日ヲ以テ大学ノ紀念日ト相《あい》定《さだむ》」と記されていた。二十六日には認可が下り、ここにはじめて東京大学の記念日が制定された。しかし、加藤は二日後の二十八日には転地療養として湯本温泉に出掛けており、その前に総理辞任が決定していたようである（「加藤弘之日記」『東京大学史紀要』第十号、一九九二年）。事実彼は帰京後には懐かしい元老院に転出する。元老院は東京開成学校綜理を嘱託される前の彼の職場であった。加藤は議論の最終場面において、東京大学との別離を意識していたと思われる。

さきに記したように最初の記念日の前に帝国大学令が公布された結果、「自今《じこん》本学紀念日ヲ三月一日トス／但旧東京大学紀念日ハ消滅シタル儀ト心得ヘシ」と初代総長渡辺洪基《ひろもと》は四月五日に通達した。「東京大学紀念日ハ消滅」とはすなわち「純然タル日本大学」の否定と言えよう。東京大学から帝国大学への継承性を一切断ち切るような語感が響くともに、区別を強調していた。

第一期の東京大学時代は、基本的に大学としてのアイデンティティーが模索されていた状況であった。

首都のなかの東京大学

明治十年代の東京大学を見るとき、その地理環境は無視できない。都市、町と大学との密接な関係を表現する、欧州におけるユニバーシティ・タウンという意味ではない。江戸時代から引き続いた首都としての東京府には、多くの官庁が置かれた。帝国大学成立以前、明治十年代の日本の高等専門教育と人材養成はそれぞれの官庁が担っていた。東京大学は淵源を明治維新以前に持つ古い機関であっても、東京府のなかではそれらの新設の諸官庁の高等専門教育機関と競合せざるを得ない状況にあった。いまその概況を記しておこう。

明治十六年当時、東京府下には東京大学をはじめとして工部大学校、駒場農学校、東京外国語学校、東京山林学校、陸軍士官学校、海軍兵学校、司法省法学校、東京商船学校、東京師範学校、東京女子師範学校、東京職工学校、体操伝習所、銀行事務講習所、学習院、東京府商法講習所などの官立学校、このほかに私立の学校、塾が簇生《そうせい》していた。表1とし

表1　東京府下の官立諸学校

		文部省				工部省		（司法省）		農商務省			陸軍省		海軍省
		東京大学			東京外国語学校	工部大学校		東京法学校		駒場農学校		東京山林学校	士官学校		兵学校
		予科	本科	別課		予科	本科	予科	本科	予科	本科		幼年	士官	
修業年限		3	4／5		5	2	4	4	4	2	3	3	3〜5	3／5	5
教員数	内国人	33	85	44	16	4	13	5		25		11	108		32
	外国人	3	13	0	7	1	4	2		4		0	1		2
生徒数		579	260	811	297	81	33	54	46	122		79	374		111
経費	俸給・給与	259,572			37,713	55,110		5,464		23,703		5,208	98,297		73,360
	生徒費	9,082			4,088	34,353		4,318		4,025		240	26,316		7,816
	書籍器械費	12,990			395	2,846				4,126		2,351	2,445		1,850
	その他	71,490			3,041	13,141		6,209		28,238		6,511	101,331		14,414
	合計	353,134			45,237	105,450		15,991		60,092		14,310	228,389		97,440

注(1)　教員数，生徒数は明治16年12月31日調べ，統計院編『第四回日本帝国統計年鑑』による．ただし司法省の東京法学校のみ同『第五回年鑑』（明治17年12月31日調べ）による．経費は『第五回年鑑』（明治16年度）による．ただし，東京法学校は同『第六年鑑』（明治17年度分）による．

(2)　修業年限について，東京大学本科の5年は医学部，士官学校は幼年生徒3〜5年，士官生徒は兵騎3年，砲工5年である．

(3)　「その他」は営繕費・諸雑費の合算．

て主な官立諸学校を一覧化した。まず修業年限を見てみると、本科の年限は三年あるいは四年が多い。海軍兵学校と東京外国語学校は五年である。多くの機関が予科課程を持ち、東京大学予備門が三年、工部大学校二年、東京法学校四年である。予科、本科を通して修業年限は東京大学が七年（医学部八年）であり、東京法学校八年の次に長い。その他は五年、あるいは六年であった。さきに述べたように、この年の文部省決算額は九〇万九四一円であり、東京大学はその四〇％近くを占めていた。明治十年の二八％から漸増傾向にあり、明治十八年にはその割合は四一・六％まで上昇していた。工部省と農商務省とが学校経費として支出している額は約一二万であり、東京大学一校分の経費の約三分の一にしかすぎない。俸給、給与の総額に占める割合は東京大学は七三％であり、最も高い東京外国語学校の八三％に続き、海軍兵学校とほぼ同じ割合である。東京法学校、駒場農学校、東京山林学校は東京大学に比して格段に低い。教員一人当りの学生数は東京大学（本科）は二・六人であり、最も多いのは司法省法学校の一四・二人である。東京外国語学校は一二・九人と次席を占めている。最も少ないのは工部大学校の一・九人（本科）であった。このようにみてくると、東京大学は東京府下において教員数、学生数、経費などが多い最も規模の大きい学校ということができる。

明治十年四月十二日は東京大学史にとってはまさに画期であり、出発点であった。近代日本の高等教育史、大学史にとっても同様な意義を持っており、複数の専門学部を擁したという意味において日本における総合大学の濫觴《らんしょう》といっていい。公的には昭和十二年から採用されたものの、創立日を明治十年とする共通認識はこれ以前から形成されてきていた。その端的な現れが『五十年史』である。『五十年史』は東京大学の成立をもって「本史」の幕開けにしている。

創設の核心

その『五十年史』（上冊）には東京大学の成立がどのように描かれているのだろうか。要約すると、東京開成学校、東京医学校とともに専門教育を行い、多数の外国人教師を招聘して、内容が充実してきたのをさらに一歩進めて、「名実共に我が国唯一の最高学府としての大学たらしめんことに努力」した結果である、と。最近の研究成果である『百年史』では、どのように位置付けているのだろうか。東京大学創設の伺書（「専門学校改称伺」）や布達の詳細な分析を通して「東京大学を一つの総合大学として積極的な理念のもとに創設する、という志向をほとんど窺うことはできない。専門学校改称伺にしても、『各科ヲ並列シ之ヲ包括シテ』東京大学と『唱《となえ》候《そうろう》様《よう》致度《いたしたく》』というだけのことであって、そこに積極的な大学建設の方針、抱負等を窺うことは困難である」（通史一）と直截に記していた。さらにこの見解に先立つ研究論文には、「一八七七年の東京大学の設立を日本における近代的総合大学の創始とみる従来の見解は修正されなければならない」（国立教育研究所編『日本近代教育百年史』学校教育(2)、七三九ページ）と指摘されている。もう一つ紹介してみよう。寺﨑昌男氏は永井道雄氏の言葉を引用して、「いわば八ケ岳状の高等教育分布」のなかの一つの機関であり、「専門分化への指向性や外国人教師からの自立という志向を担ってはいたにしても、大した学校でなかったということだけは、事実だろうと思われます」（『プロムナード東京大学史』二二二ページ）と述べていた。

以上をもって東京大学の成立を取るに足らない、ごくささやかな出来事にすぎない、ということを強調するつもりはない。『百年史』にはこの前後の経緯を含めて東京大学の創設について、きわめて刺激的な多くの知見を披露している。そこから確認される重要なポイントは、東京大学は政府、文部省、大学当局の設置構想が一致して、成立したのではないということである。たとえば、成立の契機となったと言われる加藤綜理の「開成大学校」名称採用の意見書――「本校逐日盛大ニ至リ、実ニ方今ノ大学校ニシテ……本校既ニ大学之地位ニ至リ現ニ法学化学等ノ専門ノ設アリテ本科生徒之数モ亦《また》多キニ至レハ、大学校ト称スルモ敢テ過称ニアラザル」云々――にしてものちの東京大学の体制とは異なっており、加藤も医学校との合併は考えていなかった。この年一月四日地租軽減、歳出節減の詔書が出され、文部省は二万六千余円の経費節減のため全国各地の師範学校と英語学校、東京女学校を廃止した。さらに十一日には工部大学校が成立していた。

いくつもの競争者

さきに東京府下の官庁専門教育機関として取り上げたもののなかで、明治十年代を通して東京大学に包摂、統合された機関を記しておこう。工部省の工部大学校、司法省の法学校、農商務省の駒場農学校、東京山林学校である。これらの動きが、帝大へ連なっていく。

まず工部省の工部大学校について。帝国大学工科大学の前身の一つである工部大学校は明治六年設置の工学寮から出発する。イギリス、とくにスコットランドの若手教師が中心となり、独自の教育方法を採用した、当時の工学専門教育の中心機関である。明治六年七月の「工学寮入学式並学課略則」には設置趣旨が「学寮ヲ設置スル所以《ゆえん》ノモノハ大ニ工業ヲ開明シ以テ工部ニ従事スルノ士官ヲ教育スル処ナリ故ニ在寮ノ間ハ衣食住ヨリ諸経費ニ至ルマテ官ヨリ之ヲ給与スヘシ」と謳われていた。こののち「工部ニ奉職スル工業士官ヲ教育スル学校」（明治十年十月）、「工部省ニ属シ工学士ヲ教育スル学校」（明治十六年八月）と文言も変化し、官費生のみだったのが私費生の入校も認めるようになる。明治十年一月工部大学校と改称して、盛大な開校式を挙行した。虎ノ門の旧延岡藩邸（現、千代田区霞ヶ関）に竣工した校舎は府下にあって最大規模の講堂をもち、各種の催事が行われていた。専門学科は土木学、機械学、電信学、造家学（建築学）、実地化学および冶金学、鉱山学の六科である。独自の教育方法とは「生徒在学修業ノ期ヲ六年トス初二年ハ校中ニ於テ修学シ其後二年間ハ毎年六ケ月間校中ニ於テ修学シ六ケ月間ハ実地ニ就テ各志願ノ工術ヲ修業セシメ後二年ハ全ク実地ニ就テ執業セシム如此《かくのごと》ク修学ト実地執業ト相交互」する方法（サンドイッチ方式）を指している。明治六年から十八年までに四九三人が入校して、二一一人が卒業、退校一一一人、十八年十二月末現在一五三人の在学生がいた。十八年末の工部省の廃止とともに、工部大学校は文部省へ移管された。ただ、工部大学校の文部省移管問題はそれ以前から生じており、のちに帝大初代総長に就任する渡辺洪基は、当時工部少輔の身分において移管の反対意見書を太政大臣三条実美《さねとみ》に提出していた。また工部大学校生の自負は強く、明治十九年一月の段階でも、いまだ東京大学への合併反対運動を展開していた。

ついで司法省の法学校である。明治四年九月、司法省明法寮としてはじまった。「今般御政体御変革相成候上ハ司法ノ官モ諸方ニ分置セラルヘク、法律ノ人才許多《きょた》無之《これなく》テハ御用忽《たちま》チ差支エ候間、本省ニ於テハ法律育方ノ道即今至急ノ件ニ候、依之《これにより》明法寮ヲ建サセラレ、法律有志ノ生徒ヲ集メ其成業ヲ責メ追々選挙ヲ以テ諸方ニ分遣スルノ基本ト致シ度《たく》候、不然《しからずんば》ハ本省ノ事務到底振作ノ目的相立不申《もうさず》候間」云々と伺書にある。とくにフランス法学の教育研究が強かった。司馬遼太郎は、明治九年当時のこの学校について「校長以下薩摩閥で運営されており」云々と記していた（『坂の上の雲』㈠、一一五ページ）。

明治五年八月二〇人の生徒（第一期生）をもってはじまり、そのなかには南校からの転学者一五人中九人が交じっていた。九年七月には第二期生として一〇四人が入学して、さらに十三年九月には予科生を入学させていた。本科（正則科）とともに、明治九年には速成課程が設けられた。修業年限は当初の二年から、のち三年に延長され、「民事刑事ノ問題ヲ課シ之レカ擬律擬判ヲ為サシメ以テ法理ヲ研究シ裁判ノ事務ヲ練習セシム」、実際事務の教授を目的としていた。法学校はこののち複雑な経過を辿る。法学校本科と予科は明治十七年に文部省に移管され、単立の学校となり、翌年本科は東京大学法学部へ合併され、予科は予備門に合併された。速成科は司法省にとどまり、次に記す東京大学法学部法学別課の生徒を吸収して、明治二十年十二月に消滅する。場所は麴町区永楽町の司法省敷地内にあった。

図6　法 文 科 大 学

図7　理　科　大　学

図8　医 科 大 学

農商務省所管の駒場農学校と東京山林学校は帝国大学農科大学の前身である。農学校は明治十年二月に開設するとすぐに荏原郡上目黒村駒場野に移り、のち山林学校を合併して、東京農林学校となった。山林学校は明治十五年十月に設置され、豊島郡西ケ原村に置かれ、四年後の合併の結果、駒場に移転した。農林学校は農学、林学、獣医学の三学部を持ち、明治二十三年六月帝大へ統合された。足尾鉱毒事件で実地調査を行い、のちの総長に就任した古在由直《こざいよしなお》は農学校の卒業生である。農学校の統合は、工部大学校の場合は包摂される側に反対があったのに対して、受け入れ側すなわち帝大側に異論が続出した。

付設的教育課程

明治十年代に生まれて、帝大創設に前後して廃止された教育機関があった。付設的教育課程と呼ばれるそれらの機関は、短期間、速成の専門教育を受けられる機会となり、明治十年代の社会的要求に応えようとした東京大学の試みの一つとしてあった。予備門の入学から長い年月をかけて、外国語の学習およびそれを中心とした専門学科を修めて本科卒業を果たす、という経路とは異なっていた。まずその実情の一端を見てみよう。

明治十六年十二月現在、東京大学の規模は教員一七八人（内国人一六二人、外国人一六人）、生徒一六五〇人、同年度の校費歳出三五万三一三四円である。当時最も大きな規模の大学であった（統計院編『第四回日本帝国統計年鑑』、同第五回年鑑）。統計中の生徒として、本科、別課（法、医）、製薬学（医）、古典国書課・古典漢書課（文）、法理文撰科、予備門がいたことがわかる。実際の数値を示すと、法学部別課二八人（本科二七人）、医学部別課六二七人（本科一六八人）、製薬学七六人、文学部古典国書課九人、漢書課三四人（本科三四人）、撰科生三七人、予備門五七九人であり、総計一三九〇人を数える。ここから二つのことが指摘できる。一つは東大は本科以外に多くの別課、古典課といった付設的教育課程を持っていたこと。もう一つは医学部系統の生徒が半数以上を占めていたこと、である。本科生はわずかに二七一人（理科部本科四二人）であり、法、理、文の三学部生は合せて一〇三人しかいなかった。

別課（法、医）、製薬学（医）、古典国書課・古典漢書課（文）などが付設的教育課程と呼ばれた。このうち法学別課と古典講習課の二つの概要を『百年史』（通史一）を参照して記しておこう。

法学部別課は、法学部教授五人による文部卿への建議書から始まり、明治十六年十二月に認可された。同科は法学本科卒業生の量的少なさを補充することを企図しており、そのために邦語による法学教育を採用した。設置の趣旨には、さらに東京府下に簇生していた私学の法学教育への警戒、蔑視の姿勢が読み取れるとともに、法学教育の全国的「標準」を設定することも目指されていた、といわれる（『百年史』通史一）。

古典国書課・漢書課は最初は古典講習課と称され、明治十五年九月に発足した。古典講習課の設置は、維新以後「和書」「漢書」の学習と研究が衰退したことに伴う、後継者難を防遏《ぼうあつ》するためであり、「諸学全備」を志向してきた東京大学成立以降の啓蒙的大学政策の線に沿う措置としてあった。他方において政府が自由民権運動に対抗するため、西欧化政策の行き過ぎを認め、儒学の振興と徳育の重視に踏み切っていた時期にあたっており、この二つが総合されて発足した、という（『百年史』通史一）。該課には官費給費生が置かれていた。付設課程に官費を給費するとは異例の厚遇といってよく、教員の一部からは批判も出ていた。

二つの課程は、法学部別課は明治十六年九月に三一人、古典講習課は明治十五年九月に四〇人をそれぞれ入学させていた。法学部別課は三年の修業年限で入学資格は第一に「初等中学科卒業之者ニシテ且《かつ》洋文（英仏独語ノ内）試業ニ合格之者」を挙げつつも、「若《も》シ否《しか》ラサレハ漢文、洋文、算術之試業ニ合格之者ニ限リ」という道も開いていた。古典課は修業年限三年で年齢二〇歳以上三〇歳以下、『古語拾遺弁書』二章、『土佐日記』答弁三条、白文『唐宋八家文』の試験に及第することが入学資格であった。彼らは語学を中心とした予備課程四年間と法・理・文三学部の専門課程四年の合計八年間に及ぶ修学期間を経ることなく、東大生として存在し、卒業していった。法学別課の設置理由にあるように、明治十年代の社会状況、需要に対応していわゆる正系のルートばかりでない修学機会を提供していたのである。

量的に圧倒的多数を占めた別課医学科（教場）は、もともと医学部本科生、予科生が寄宿舎に収容されていたため医学通学生教場と称され、「年歯《ねんし》既ニ長シ外国語学数学拉丁《ラテン》学等ヲ修ムルノ暇ナキモノ、及ヒ事由アリテ大学八年ノ久シキニ耐サルモノ、為ニ、邦語ヲ以テ其要領ヲ教授スル」機関、すなわち医師の速成課程（修業年限三年）として設置された。明治十三年十月には別課医学科と改称しており、法学部別課と同様な趣旨であった。

これら三つの課程は、大学の事業を拡充、整備するために学校経済との要件を満たす一つの実施事項として「大学本然ノ事業ヲ拡充整備センニハ別課医学生別課法学生製薬生古典講習科生ノ新募ヲ止メ漸次此等ノ余業ヲ廃セサルヘカラサル事」として、大学からの伺書を受けて明治十八年四月に廃止された。この件は、校舎の増改築、理学部の本郷移転とともに計画され、大学財政の効率化の下に行われた。その企図は将来大学の事業を拡充して、高等教育を整理することにあった。「余業」と認識されたこれらの課程こそ、東京大学のもう一つの顔であった。

帝国大学への道

明治十年代の東京大学をすこし過小評価しているかもしれない。この時期に簇生した私立の法律政治系学校の立場に立つと、批判の対象になるかもしれない。しかし金太郎飴的な東京大学像を仮想して語るよりも、ずっと生産的であると考える。もちろん、東京大学は十年代を通して存在し続けることにより、さらに文教行政の一元化という明治政府の方針が明確化するにつれて、大学としての体裁、制度的な安定を獲得していった。たとえば、明治十四年の職制制定にともなう唯一人の統括者の成立（総理職）と、その増補改定による、現在の国立大学の実質的な最高意思決定機関である評議会の前身と位置付けられる、諮詢《しじゅん》会の発足など、自治的組織としての管理運営組織が成立していった。また、この時期に多くの学会が誕生した。しかし、運営組織の実際の首脳者を見ると、開成学校系統の加藤と浜尾と、医学校系統の池田謙斎と石黒忠悳《ただのり》が就任していた。東京大学は二つの系統のパワーバランスの上に明瞭に成立していた。空間的にも統一され、東京大学を成り立たせた二つの系統から断絶した首脳人事が行われて、帝国大学が創設された。one of them（寺﨑昌男）から only one への道であった。

東大生の誕生とネットワーク

明治十年代の東大生

東京大学ニハ教師ヲ数千里外ヨリ雇へ〔ママ〕、莫大価ノ器械ヲ求メ、数百ノ生徒ヲ日本中ヨリ集メ、壮霊〔ママ〕ナル学舎ヲ建立シ、数多《あまた》ノ学科ヲ置キ、数万ノ書籍ヲ求メ誠ニ日本第一ノ学校ニシテ、人々日本中ノ第一トスレドモ、其《その》内情ヲ見レハ事ガ斉《ととの》〔ママ〕ワズ、生徒ノ学業ハ甚ダ高キニ非《あら》ズ。而《しか》シテ生徒ノ品行ハ甚ダ悪シ。其本根ヲ求ムルニ此学校ニテハ智ヲ本ニシ、徳ヲ末ニシ、智ヲ尊メ徳ヲ賤メバナリ。（高橋光夫「水沢における山崎為徳資料」『同志社談叢』第七号、一三四ページ）

明治十年九月二日付のこの書簡は、明治八年（一八七五）九月に東京開成学校予科に入学した山崎為徳が弟に宛てた、東京大学退学の所感である。山崎は安政四年（一八五七）

に仙台藩胆沢郡上胆沢に生まれた。上京の折たまたま熊本洋学校開設のことを知り、熊本に赴き第一回生として入学し、第一回卒業生となる。再び上京後東京開成学校予科に入学して化学を専攻する。彼は右の書簡を認め、こののち京都の同志社に入学する。彼に対して、在学中の学生生徒のどのようなふるまい、言動が深い失望感を与えたのかは不明である。しかし文中にある東京大学（学生生徒）に対する知育偏重の指摘は、時代を超えておもわず納得してしまう面がある。問題はそこにある。彼の在学時代には、のちに述べる藩意識を充満させた貢進生的生徒もいたであろうし、自由民権運動に多大の関心を寄せて学内外の結社にて演説を行う書生的生徒もいたはずである。彼の指摘は一面的と言ってもいい。

明治十年代の東京大学の学生たちは、もっと「東大」から解き放たれていい。解き放たれるべきである。寺﨑氏は、青年がどういう学校を出たかでその後の立身出世の程度が決まる、ということになってきたのは、明治も二十年代以後のことではなかったろうか、と記している（寺﨑昌男「明治期の学校と青年たち」『ＮＨＫ歴史への招待』③、昭和五十五年）。彼らの誕生とネットワークを描いてみよう。

入学者の三区分

明治十年代の東京大学に入学、在学、あるいは卒業した学生生徒を便宜的に三つに区分してみた。最初のグループは貢進生と呼ばれる者たちであり、ついで東京大学以前の開成学校時代に入学した生徒たち、三つめは明治十年以降に東京大学予備門に入学した者たちである。法学・理学・文学系統の学生生徒を対象として、医学部系統は適宜言及するにとどめる。

貢進生とは、明治三年七月太政官から廃藩置県前の各藩に対して石高に応じて人材を大学南校に「貢進」させた制度である。このシステムの発想は、五ヵ月前の大学規則中の「貢法」にある「生徒凡《およ》ソ三十歳以下ヲ限リ、其地方ノ考課ヲ歴《へ》、知事証憑《しょうひょう》ヲ予へ、輦《れん》下《か》ニ貢進スル者之《これ》ヲ大学生ニ補シ」云々にあったようである。派遣藩二五九、生徒総数三一三人という、明治新政府がはじめて行った大規模な人材養成計画であった（『五十年史』、唐沢富太郎『貢進生』）。しかしこの制度は、生徒における激しい学力差、「嬾惰《らんだ》ノ風俗」、中途挫折、出身藩ごとの群雄割拠の弊害などにより、一年ほどで廃止された。その後修学を継続して七年の歳月を経て卒業を迎えた彼らは一七人おり、全貢進生の約五％にすぎなかった。さらに東京大学にとっても彼らは最初の卒業生に当たり、かつ専門学を修めた生徒たちだった。学校当局者にとっても感慨は深く「該生徒（現員の貢進生）ハ貢進生数百ノ萃ヲ抜テ最モ俊秀ナル者ト云フ可《べ》キナリ、而シテ此寡少ノ残員当年ヲ初メトシテ一両年間ニ悉《ことごと》ク卒業セハ、則チ本校ハ貢進生ニ美果ヲ結ハシメタルノ栄ヲ得ルモノニシテ、亦聊《またいささ》カ曩《さき》ニ廃学セシ数百ノ無功ヲ償フニ足ランカ」と述べていた（『東京大学法理文三学部第五年報』）。幕末維新期の一つの試みに決着がつけられた。しかし貢進生の中には東京大学卒の肩書きを持つことができなかった、しかし中途退学をしたのではない、一群の学生たちがいた。明治八年と九年の二度にわたり派遣された、文部省の海外留学生の二一人である。彼らは留学先において卒業証書、学位を取得して帰国した後、元に復学する必要がなかったため制度的には中途退学者になっている。法学の鳩山和夫、穂積陳重《ほづみのぶしげ》、岡村輝彦、日露講和条約締結の外務大臣の小村寿太郎、技師官僚としては最高位の技監にはじめて就任した工学の古市公威《ふるいちこうい》、日本学術振興会の初代会長、化学の桜井錠二などのほか、杉浦重剛《じゅうごう》、関谷清景、山口半六なども いた。

つぎに東京大学成立前、東京開成学校への入学を記しておこう。

東京開成学校本科（修業年限三年、法科、化学、工学、物理学）へは修業年限三年の予科を経ることになっていた。その予科入学には「国書文章」「英語作文」「地理図誌及地政」「万国史大綱」「算術及代数一次方程式」の科目試験に合格しなければならなかった（明治九年七月の改正による。前掲『東京開成学校第四年報』)。明治九年九月における予科入学者は全部で七九人(志願者一一七人)、そのほとんどが官立の英語学校卒業生に占められていた(臨時入学者一〇人ほか四人を加え総数は八九人)。内訳は東京英語学校が三七人でほぼ半数に上り、大阪英語学校一二人、愛知、広島が各九人、長崎、新潟が各四人という分布である。堅実な進学を求めるとすれば東京英語学校の入学であった。しかしその英語学校群は明治十年一月の地租軽減にともなう文部省経費の節減のため東京と大阪を除き、愛知、広島、長崎、新潟、宮城の英語学校は廃止されてしまった。東京大学進学のためにはまず上京が必要不可欠となり、彼らを受け入れる予備校もまた東京府下には多数あった。

三つめの節目は予備門である。東京大学の入学には、予備門を経なければならなかった。予備門は東京大学(当時では東京開成学校)における独自の予備教育機関の設置要求と、東京英語学校における大学予備教育機関への純化との結合により、明治十年四月に成立した(第一高等学校――いわゆる一高――、東京大学教養学部の前身)。明治十一年六月に予備門の教則が決められた。創設当初の明治十年は東京開成学校予科生の振替が行われて、予備門への入学規則は規定されていなかった。

当門学科ハ東京大学法学部理学部文学部ニ進ムカ為メノ予備ニシテ博《ひろ》ク普通ノ課目ヲ

履修セシムル者トス、而《しか》シテ其《その》学期ヲ四閲年《えつねん》トシ随テ生徒ノ階級ヲ四等トス、故ニ此《この》四個年ノ課程ヲ卒ヘテ試業完キトキハ則チ之ヲ卒業ノ期トシ、本人ノ撰ニ任セ法理文ノ一学部ニ入ラシム／但《ただし》普通科ノ学修ノミヲ主旨トスル者ハ卒業ノ後直チニ退学スルヲ許ス、尤《もっと》モ給費生ハ此限ニ非《あら》ス

東京大学本科（法・理・文三学部）の入学規則には「本部第一年級ニ入ルベキ者ハ其齢《よわい》十六年已上《いじょう》トシ第二年級ニ入ル者ハ十七年已上トス其他之ニ準ス」（第四章入学第二条）とあり、さらに第三条において「本部第一年級ニ入ルヲ許スヘキ者ハ予備門卒業ノ者若《も》クハ然《しか》ラサルモ該門ニ於テ試業ヲ施シ之ニ等シキ学力アリト認ムル者ニ限ル」（『東京大学法理文三学部一覧』明治十二〜十三年）とし、予備門卒業生を正系とした。東京大学への入学切符は、明治十年代を通してこの経路が基本となり、進学ルートが形成される。そしてこの時期にあたっても、東京府下には予備門入学のための予備校が簇生していた。その代表例が共立学校（現、開成中・高等学校）である。この学校の創設者佐野鼎は加賀藩に招かれ洋学を教授したことがあり、また学校設立には加賀藩関係者が多数かかわっていた。高橋是清《これきよ》の校長就任時期の明治十二年には一二〇人、十五年七五人、十六年七二人、十八年八五人といった生徒を予備門に入学させており（『開成学園九十年史』）、明治十年代の予備

校のメッカとなっていた。

このことは、大学に接続する「学制」上の中学校を卒業しても、予備門入学が困難であったことを示していた。さきに引用した『坂の上の雲』(一)の秋山真之、正岡子規などにみられるように、地方の中学校出身者にはさらに状況は厳しかった。この対策のため予備門では、地方中学校出身者のために大学と中学校との連絡を円滑化するための一つの方策が取られた。明治十六年一月に設置された英語学専修課の主旨は「当課ハ地方中学校ニ於テ初等中学科或ヒハ高等中学校ヲ卒業シタル者ヲシテ、当門（本黌《ほんこう》）或ハ本学法理文学部ニ入ルニ便ナラシメンカ為メ」（第一条）である。大学（学部）にとっては、一定水準の学力保有者が恒常的に供給され、地方中学校にとっては高い水準の教育課程を設けなくていいという両者の思惑の結果かもしれない。あるいは上京遊学者が「素願ヲ失シ」て、府下の不安定要素にならないための策であったかもしれない。

卒業生のネットワーク

ここで一人の卒業生に登場してもらおう。彼を中心にして明治十年代の学生たちの活動のネットワークを追ってみよう。

磯野計《はかる》は明治十二年七月に法学部を卒業して明治屋を創業した人物である（『明治屋百年史』）。彼は津山藩士として生まれ、東京の津山藩邸に作られていた箕作《みつくり》

表2　東京大学卒業生数

年　号	法学	医学	文学	理学	合計
明治10				3	3
11	6	9		15	30
12	9	30		22	61
13	6	17	8	24	55
14	9	39	6	17	71
15	8	32	4	20	64
16	8	27	10	22	67
17	6	13	13	11	43
18	10	17	6	15	48

注　『東京大学百年史』（資料3）より作成．ただし，明治17年については『卒業証書授与名簿』により補正した．

秋坪《しゅうへい》の三叉学舎に学び、津山藩推薦の貢進生となる。三叉学舎には阪谷芳郎も入学していた。彼の父朗盧《ろうろ》と秋坪とは同学、明六社の同志、郷里も同じであった。地縁・人的関係による進学選択であった。このの ち彼は東京大学前史の紆余曲折を身を持って経験する。大学南校、南校、第一番中学、開成学校、予備門を経て大学を卒業した。ところで第一期卒業生数は九年間に四四二人、平均すると毎年約五〇人の卒業生である。内訳は表2にまとめてみた。明治十七年一月現在、日本には二〇歳以上二四歳までの青年男子が一五五万七八七〇人いた。希少価値が抜群のスパーエリートのイメージよりも、世間にあまり知られていない者たち、というのが実態に近いのではないだろうか。

磯野の出身県岡山の先輩には秋坪の次男菊池大麓《だいろく》がいた。四四六人の卒業生たちの出身地を見ると、断然東京が多く七八人である。第二位は石川三二人、以下静岡二八人、山口二六人と続き、一〇人台が愛知、高知、兵庫、大阪、千葉、新潟、京都、愛媛、岡山となる。岡山は一〇人を数えた。社会学者金井延は静岡県に生まれ、幼少のころ上京して東京府下において教育機会を得た。彼は出身地を東京府としており（河合栄治郎『金井延の生涯と学蹟』）、磯野のように本籍を記す場合もあり、右の出身地数は正確な教育現場を示してはいない。東京が多数を占めた理由としては、学校情報の伝達が限られていた当時にあって、地理的条件が大きかった。石川の卒業者数を第二位に押し上げた理由には、加賀藩上屋敷の収公、文部省に下付されて東京医学校が建築されていたことが影響していたかもしれない。文部省の直轄学校に親近感を抱いたとしても不思議はない。

藩閥政府を構成した鹿児島、山口の出身者数はそれぞれ二六人と四人である。出身地による専門学科の修学の違いはあるのだろうか。まず藩閥を含む九州を見ると、山口、熊本は医学部が多く（順に一四人、六人）、鹿児島は文学部の政治学理財学が三人となる。最も多い卒業生を出した東京府においては、やはり医学部が三〇人と最も多い。続くのは理学部二六人、法学部一六人、文学部一〇人となる。第三位の石川は理学部が二一人とトップに立ち、医学部八人、法学部四人、文学部二人の順となる。

ところで磯野が最初から東京大学卒業生となることに心を決めていたり、あるいはなれると知っていなかったということが修学歴から言える。これは第一の貢進生たちばかりでなく、十年代を通して入学した学生たちにも該当する。もちろん上京遊学して、東京大学入学を志した学生たちは存在した。しかし自主的、目的意識先行型の学生たちのみが、強調されすぎている。ブランド化された「東大」のイメージに近いからである。ほかにも理由がある。卒業生たちの多くの自伝、伝記、回顧録は、それが書かれる時期には「東大」の評判は画一化、定型化されており、それに拠った記述がなされているため、東京大学進学、入学の実相があいまいになされているのである。東京開成学校（予科）入学の実態をいくつか例示してみよう。安政三年（一八五六）に陸奥国二ノ戸福岡町に生まれた田中館《たなかだて》愛橘《あいきつ》は、上京して慶応義塾に入学したが、明治六年（一八七三）三月の改革により授業料が続かなくなり、官費の学校に転学を考え、月謝が非常に安かった開成学校に志願を変えたのである（中村清二『田中館愛橘先生』）。上京の目的は慶応義塾にあり、修学を継続するために、余儀なく開成学校に入学した。地方出身者の彼が特殊というわけではない。彼と同じ明治九年九月に予科入学した東京府の高田早苗にしても自主的な進学動機があったのではなかった。洋行歴のある彼の叔父が「これからは英学を学ばなくてはならぬと教へた。……そこで私も其気《その》になり、叔父が帰国してから、其家へ食客に置いてもらつて、叔父の家から神田の共立学校といふ英語学校へ通ふ事になつた。是れが私の英語を学んだ最初の場所であつた」（高田早苗『半峰昔ばなし』二五ページ）と書いている。専門学科の基礎としての英学ではなく、普通学としてそれを学ぼうとすれば、東京府に居住している者にとって開成学校の選択は、経費問題を無視すれば、当然であった。元治元年（一八六四）生まれの岡田良平は、のちの文部大臣、明治十二年に上京して九月に予備門普通科に入学する。その際には、学校の選択は東京女子高等師範学校長の中川謙二郎の意見に従ったまでのことであった（『岡田良平先生小伝』）。さらに加藤彰廉《あきかね》などは、大阪英語学校入学後、制度改革のため東京大学に転学させられたケースに当たる。

東京大学の学生となり、卒業生となった動機は、地縁、血縁、偶然、経費によるケースが多々あり、明治二十年代以後の進学動機と同列に捉えては歴史像を歪めることになる。

磯野は卒業後の明治十三年十月、三菱の第一回ロンドン給費学生に選ばれて三年の洋行に出発した。同行は同期卒業の増島六一郎、山下雄太郎の二人である。増島は英吉利《イギリス》法律学校（現、中央大学）の創設者となり、磯野（家）との友誼は終生続いたという。彼自身も山下とともに専修学校（現、専修大学）の創設に参画していた。さらに金井延もまた彼の援助を受けて学業が継続できたという（前掲『金井延の生涯と学蹟』）。

図 9　医科大学解剖学教室

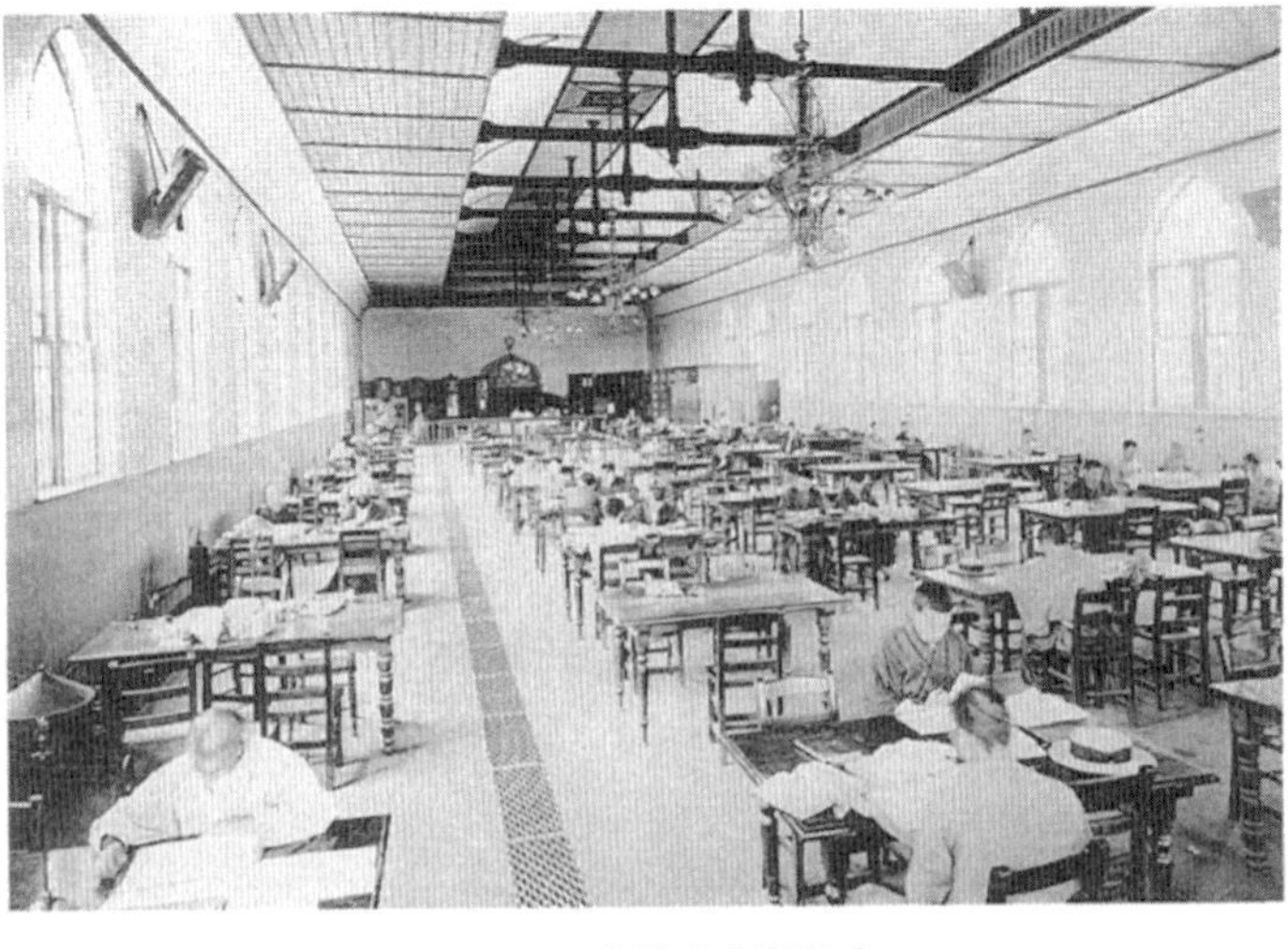

図10　図書館学生閲覧室

この時期、以上のほかにも官庁（官僚、技師など）、学校教員、民間企業などに就職した卒業生たちのなかに、学校設置に尽力した者がいた。磯野より三年後輩の高田早苗、坪内逍遥《しょうよう》、天野為之らは、大隈重信、小野梓《あずさ》などにより計画され、明治十五年に創設された東京専門学校（現、早稲田大学）の首脳者となった。磯野はこの学校とも関係があった。帰国後の明治十八年五月に彼は、小野梓から法学講師を依頼される。小野との関係は、都市知識人結社共存同衆に入会したことによって生じた。磯野の入会した時に同会は最も隆盛を誇っており、菊池大麓をはじめとした東京大学の人脈と嚶鳴《おうめい》社グループが存在していた（勝田政治「共存同衆と小野梓」『小野梓の研究』）。

東京専門学校の前年に開校した明治法律学校（現、明治大学）の創設者宮城浩蔵、岸本辰三郎、矢代操は磯野と同じ貢進生出身であり、南校仏語第一級生（当時三十数人在籍）のなかから、司法省法学校に転学を希望した一五人中試験に合格した九人のうちの三人であった。転学者にはほかに井上正一、栗塚省吾、熊野敏三、木下広次、加太邦憲、小倉久、磯部四郎がいた。法律政治系のみならず、理学関係においても卒業生たちの活動があった。明治十四年九月に開校された東京物理学校（現、東京理科大学）は、理学部卒業生が中心となり夜間に「最簡易ノ物理ノ諸学科ヲ講明」することを目指した。これに対して大学側は便宜を図るため、同年三月器械貸付規則を制定した。「理学士ニシテ十人以上結社シテ学校ヲ創設セントスル者ハ願ニ因リ理学器械ノ貸付ヲ許ス事アルヘシ」（第一条）の規程を受けて、東京物理学校では「夕刻使丁ヲシテ一橋ノ大学ヨリ機械ヲ釣台ニ載セテ昇来ラシメ、授業後直ニ返納ス」という慌ただしいやり繰りの方法であった（『東京理科大学百年史』）。さらに哲学系として明治二十年九月には哲学館（現、東洋大学）が井上円了《えんりょう》という文学士により開設された。井上は真宗大谷派の東本願寺の東京留学生として東京大学予備門に明治十一年九月に入学し、十八年七月文学部哲学科を卒業していた。

さらに彼には卒業六年後に東京大学副総理浜尾から東京外国語学校附属高等商業学校教頭の就任依頼が寄せられた。彼の優秀さを示す行為なのか、少ない人材を物語るのかは、わからない。

誇るべき「粗野」

「明治十六年事件」と呼ばれる事件が、その名のとおり明治十六年に起った。『百年史』（通史一）により事件の概要を記すと、以下のようになる。東京大学法・理・文三学部および予備門の学生生徒のうち、寄宿舎生の大部分は、十月二十七日に予定されていた学位授与式に参列せずに、上野を経て日暮里原野に遠足と称して外出し、帰校した。彼らはこの後夕刻から夜半にかけ、ほかの者を巻き込んで、寄宿舎の施設、器物を破壊するという騒動を起こした。この事件に対して文部卿はさっそく、政府首脳に報告して、その原因の一つに「改進党輩ヨリ密ニ扇動セシ処有之儀《ところこれあるぎ》モ難計《はかりがたく》」と指摘していた。大学は事件に関係した者一四六人全員に退学処分を命じたが、半年後には形式上は全員が再入学を認められた。事件は明治十年代半ば以降の管理、取締の強化に対する学生生徒たちの反抗という性格を濃厚に持ち、さらに賄《まかない》征伐（寄宿舎の賄を困らせること）、あるいは祝事における青年たちの放縦など、多様な性格を合せ含んだもの、とも言われる（『百年史』）。このの ち議会開設を睨んだ帝国大学独立論などの言論活動のほかに、帝国大学において学生が起こした事件は、既得権益の喪失にかかわるものであった。明治二十六年十一月、文官任用令、文官試験規則が公布され、それまで法科大学生は入学時には無試験の任用であったのが、試験制に変化した。これに反発して、法科学生が第一回高等試験をボイコットした。このの ち、学生集団により引き起こされる事件は、本書の対象時期には、絶えてなくなる。学生生徒を取り巻く状況は、明確に転換していった。

冒頭に掲げた同時代人による東京大学生に対する所感のほかに、この時期の一つの代表的な見方としては、「書生」的印象がある。その名も『当世《とうせい》書生《しょせい》気質《かたぎ》』が書かれたのは明治十九年であった。明治十年代中期の「書生社会」の中にあって、「彼ら（法学部や文学部の政治学および理財学において欧米の最新学説を学んだ学生たち）は、民権派、反民権派を問わず陣営の理論面を担うこととなり、ここに書生社会一般の政治志向のいわば頂点部分を形成する東京大学学生をめぐる『政談と学術』という問題の発生」云々と概括されることがある（中野目徹『政教社の研究』八七ページ）。こんな彼らには、人間性の内面に関心を寄せる余裕はなかったかもしれない。さらに「書生社会一般の政治志向」のみでなく、近代思想、近代文学の発生時期にあたるこの時期、東京大学の教職員、学生生徒が欠かせない。たとえば伊藤整の『日本文壇史』は近代日本の大学文学部史として読むことも可能である。

時代の思潮が動いていた。その雰囲気は当然、東京大学生にも影響を与えていた。上京は果たしたものの、偶然的要素が多くを占めた学校選択において、たまたま入学した機関に在学しつづけたことにより、東大卒となった。しかし在学中、卒業後を問わず彼らにはいくつもの活躍の場が考えられた明治十年代であり、一つの型に収まらない、騒がしい者たちがいた。誇るべき「粗野」さがあった。政治の世界から実業の世界へと学生生徒の目標を切り換えるのに多大な影響を与えた、といわれる徳富蘇峰『十九世紀日本之青年及其教育』（私家版）は明治十八年に刊行される。

雇外国人教師たち

雇外国人教師

雇《やとい》外国人、お雇外国人と呼ばれた人たちがいた。『国史大辞典』(吉川弘文館)によれば、「明治初期の文明開化時代、中央・地方の官庁・学校などに、主として欧米諸国から雇用された外国人」と定義されている。学校教師の場合は雇外国人教師、あるいは御雇外国人教師と言われた。維新以後の政治、経済、文化など、ほとんどの分野の近代化には外国人教師の招聘《しょうへい》という方法が採られた。ことに教育、学術、科学技術などの分野における雇外国人教師の果たした役割は決定的に大きかった。さらに彼らのなかには帰国後も日本との関係を継続して、国際交流に貢献した者もいた。雇外国人教師は中等・高等教育機関が主な就職先であった。官立学校のほか、慶応義塾など

図11　雇外国人教師ルードウィヒ・リース

図12　雇外国人教師ユリウス・スクリバ

の私立学校にも雇われていた。彼らの履歴、学歴などは多種多様であり、後年に進むに従い居留地の放浪者、乗組員などは淘汰されていった。私立学校の雇外国人教師と言われた人々の多くは宣教師であった。日本近代法の父と呼ばれるボアソナード（Gustave Emile Boissonade）、札幌農学校のクラーク（William Smith Clark）、建築学のコンドル（Joseph Josiah Conder）、哲学のケーベル（Raphael Koeber）、医学のベルツ（Erwin von Bälz）、など枚挙にいとまがない。文献も多数を数える。

東京大学にも多くの雇外国人教師がいた。昭和二十四年の新制東京大学発足までに二六四人が雇われていた（『百年史』資料三）。彼らの教育研究の活動を「申報」という記録を素材にして描いてみよう。まず、東京大学の雇外国人教師を概況しておこう。

雇外国人教師の特色

二六四人の雇外国人教師について、その個々のプロフィールは最小限にとどめ、概況を記しておこう（以下、『百年史』資料三をもとに記す。ただしこれらのデータはほかの史料との照合を経てなく、かつ包摂校の雇外国人教師は継続して雇われた者だけが取り上げられているなど不十分な記載であり、あくまでも東京大学に所蔵されている資料に拠るデータであることをお断りしておく）。

国籍から入ろう。多い順に国籍を列挙すれば、まずドイツが八八人、イギリス六四人、アメリカ四七人、フランス三七人となる。もっとも多数を占めたドイツ人によるドイツ学術の移植、定着は明瞭である。そのあとはすべて一桁台であり、中国（清国、「支那」を含む）九人、スイス・イタリア各三人、オランダ・オーストリア・カナダ・ロシア・「満洲」各二人、デンマーク・ベルギー・チェコ各一人である。明治時代に限定してこれらの内訳をほぼ一〇年間に区分して見てみよう。対象とした総数は雇用期間の不明な三人を除いた二六一人であり、時期は第一期―前史（明治十年四月の東京大学成立まで）、第二期―東京大学時代（明治十年四月～明治十九年二月）、第三期―帝国大学時代（明治十九年三月～明治三十年五月）、第四期―東京帝国大学時代（明治三十年六月～明治末年）の四つである。区分は最初に雇用された年月により行い、再雇用の時期は無視した。明治期全体では一八八人が雇われており、総数の七二％を占めている。各時代の人数は第一期一〇三人、第二期三五人、第三期三〇人、第四期二〇人となる。第一期がほぼ明治期全体の五五％に当たり、東京大学全体の雇外国人の約四〇％を占めていた。第二期には、前の時期の三分の一に急減している。さきの『国史大辞典』において「明治政府が雇用した官雇外国人は、同（明治）七、八年が最も多数で、約五百二十名に及び、その後は漸減し、十三年ころには半数とな」ると指摘されており、その傾向は東京大学にも当てはまっていた。

在任期間は長短ばらつきが甚だしい。一ヵ月にも満たない雇用期間もある。長期は三二年間に及ぶ。長期の例はさきの医学者ベルツであり、妻帯までしていた。男性の教師がほとんどの中、看護婦養成に尽力したミス・アグネス・ヴェッチは異色といえる。

医学部は顕著な特徴を示している。大学東校、東校、東京医学校、医学部の雇教師は三五人いる。国籍の特徴は大方の予想を裏切らぬ、否、驚駭《きょうがい》するほど顕著な傾向を示していた。すなわち、ドイツ二九人に上り、オランダ、イギリス各二人、オーストリア、スイス各一人である。ドイツ医学の圧倒的隆盛を示す。さらにドイツ以外の国籍の六人と雇用期間が不明な二人とを除いた二七人の雇用時期の内訳は、第一期一七人、第二期七人、第三期一人、第四期〇人、その後に二人である。さきの官雇外国人の傾向がここでも該当していた。明治十年代までが雇外国人教師のピークであった。

「申報」とはなにか

明治十年代の教育と研究とを担っていた彼ら外国人教師は、具体的にどのような教育と研究を行っていたのだろうか。その一端は卒業生の自伝、回顧録などからうかがうことができる。しかしそれらは当然にも卒業生の関心、好みなどによって残された断片である。雇外国人教師本人が記した史料、大学一覧に毎年掲載されている担当科目以外に資料はないのだろうか。両者の記録、史料を突き合わせてはじめて教育、研究の実態がわかるというものではないだろうか。

外国人教師が認めた教育研究報告書は残っている。「年報」に収録された「申報」と呼ばれる記録がそれである。外国人教師には、「申報」は英語のREPORTの訳語として解釈されていたようである。「申報」は特定の外国人教師の足跡、業績を調べる際には重用されるものの、明治十年前後からの大学における教育研究の実践記録として読まれ、採り上げられることはほとんどなかった。ここでは外国人教師ひとりひとりの足跡、業績は検討の範囲外にあるため、明治十年代の教育研究の実践記録、彼らがなにに苦労して、どのような創意と工夫を講義に施していたのか、その奮闘記として読んでみよう。その前に「申報」についてもう少し説明しておこう。

「申報」には学部長等の施設長、管理者と内外教員との二種類がある。ここでは施設長、管理者の「申報」を除いた、八五四人の内外教員のそれを念頭に置いて見ていきたい（表3参照）。この「申報」は、最初「年報」中の一つの項目である生徒学業の進捗にかかわる情報の一つにすぎなかった。すなわち、「今茲《ここ》ニ諸教授ノ申報ヲ抄訳シ、併《あわせ》テ本年中各級生徒ノ践修スル課目ヲ記載シ以テ生徒学業進歩ノ景況ヲ徴セントス」（『東京開成学校第三年報』）とあることから明らかである。それが『東京大学法理文三学部第五年報』にな

表3　外国人邦人別教師の申報数（F＝外国人，J＝邦人）

年報＼学部		法学 F	法学 J	理学 F	理学 J	文学 F	文学 J	医学 F	医学 J	工学 F	工学 J	総計 F	総計 J	総計 計
東京開成学校	第3年報	1		5								6		6
	第4年報	1		7								8		8
法理文三学部	第5年報	2		5								7		7
	第6年報	2		8		1						11		11
	第7年報	2		6	3	3	1					11	4	15
	第8年報	2		8*	3	3	1					13	4	17
医学部	第4年報							10				10		10
	第5年報							10				10		10
	第6年報							9	24			9	24	33
	第7年報							9	26			9	26	35
東京大学	第1年報	1	5	4	6	3	5	11	25			19	41	60
	第2年報	1	8	7	12	2	12	5	31			15	63	78
	第3年報	1	8	6	18	3	22	4	31			14	79	93
	第4年報		8	3	22	3	24	4	29			10	83	93
	第5年報	—	—	—	—	—	—	—	—	—	—	—	—	—
帝国大学	第1年報	3	7	2	19	2	12	3	23	5	10	15	71	86
	第2年報	5	5	2	13	5	10	2	21	2	17	16	66	82
	第3年報	3	9	2	13	5	7	1	19	4	21	15	69	84
	第4年報	5	10	2	15	6	9	2	19	4	25	19	78	97
	第5年報									4	26	4	26	30
総計		29	60	67	124	36	103	70	248	19	99	221	634	855

出典　東京大学史史料研究会編『東京大学年報』（全6巻）．なお，以下の諸表において帝国大学年報と表記している史料は，同年報第5，6巻に収録されている．正式な『帝国大学年報』は別にある（ただし「申報」を含まない）．ここでは各分科大学から大学本部に提出された年報材料（「申報」を含む）を対象時期にしたがい，第1～5年報と便宜的に表記して作成した．

注(1)　東京大学第1年報までは法理文三学部系統と医学部系統とは別箇に年報を編成していた．工学部は工部大学校が帝国大学に統合されたのちの「申報」になる．工部大学校時代の「申報」は省いた．東京大学第5年報には「申報」なし．

(2)　*は，メンデルホールと山川健次郎との共同申報で，外国人として数えた．

(3)　東京開成学校時代は学部制以前なので，その教授科目により作成者が適宜分類した．帝国大学時代は分科大学制であるが，学部制で一貫させた．

(4)　学部の附属施設長，医員などの申報は省いた．

(5)　表の数値は『UP』掲載（「東京大学年報の刊行」第250号，1993年8月）分を修訂したものである．

表3付表　年報の対象期間

年　報	対　象　期　間
東京開成学校(文部省年報収録分)	明治6年
東京開成学校第2年報	明治7年1～12月
東京開成学校第3年報	明治8年1～12月
東京開成学校第4年報	明治9年1～8月
東京大学法理文三学部第5年報	明治9年9月～10年8月
東京大学法理文学部第6年報	明治10年9月～11年8月
東京大学法理文学部第7年報	明治11年9月～12年8月
東京大学法理文学部第8年報	明治12年9月～13年8月
東京医学校(文部省年報収録分)	明治6年
東京医学校年報(同上)	明治7年
東京医学校年報(同上)	明治8年
東京医学校年報(同上)	明治9年
東京大学医学部第4年報	明治9年12月～10年11月
東京大学医学部第5年報	明治10年12月～11年11月
東京大学医学部第6年報	明治11年12月～12年11月
東京大学医学部第7年報	明治12年12月～13年11月
東京大学第1年報	明治13年9月～14年12月
第2年報	明治14年9月～15年12月
第3年報	明治15年9月～16年12月
第4年報	明治16年9月～17年12月
第5年報	明治17年9月～18年12月
帝国大学第1年報	明治18年9月～19年12月 (ただし医科，工科は19年1月～)
第2年報	明治20年1月～20年12月
第3年報	明治21年1月～21年12月
第4年報	明治22年1月～22年12月 (ただし，文科は21年9月～22年7月，教員申報のみ)
第5年報	明治23年1月～23年12月 (ただし，医科，理科はなし)

り、「本部生徒進歩ノ景況ニ於テハ本部教授ノ申報ヲ抄訳シ」となり、生徒学業の進捗は「申報」をもって語られるようになり、その結果形式も変化して「申報」が項目化されることになった。この時期は医学部年報とも一致している。「申報」の独立は、大学全体の教育、研究の実況を徴す記録（材料）としては、教育担当者が個別に具体的に報告するほうがよほど実際的であり、実況をよく詳細に記すことができると考えられた結果といえる。日本人教員の「申報」が登場するのは法・理・文三学部、医学部ともに明治十一年度の年報からである。ただし、「申報」はすべての内外教員が提出したわけではなく、外国人教師のみが記すことができた事項といったことはなかったようである。

雇外国人教師の「申報」

「申報」の中身を最大限に捉えれば、担当学年、教授科目、授業日数、使用テキスト、教育内容とその順序、学生数およびその進歩の概況などからなる。医学部の場合はこれに臨床関係の詳細なデータが盛り込まれる場合がある。このほか施設の新設、改善などの意見も記されている。表4として外国人教師の「申報」の収録一覧を掲げた。最も多く「申報」を残しているのはベルツの一一回である。ただし、回数の多少が教育熱心、仕事の精勤さなどを表現していない。工学が帝大以降にのみ収録されているのは、工部大学校の元教師だからである。

彼ら外国人教師は、母国語（外国語）をもって教授方法とした。その一般的な方法は「口述および筆記」である。医学部では理論的講義と実地演習あるいは臨床講義とが組み合わせられていたが、ほかの法・理・文三学部と同様に口述と筆記とが基本であることには変わりはない。しかし講義のみの教授を不可とする教師もいた。一例を挙げておこう。「凡《およそ》何学ヲ論セス講義ノミヲ以テ生徒ヲ教導スルハ初学ノ者、特ニ日本人ニシテ現今法学部ニ在ル生徒ヨリモ一層英語ヲ善クスル者ニアラサレハ、甚タ不適当ナル方法タルベキヲ信ス」と。続けて、(1)生徒が講義を理解できない、(2)教科書が不備なため時間の浪費となる、(3)生徒に「粗漏緩慢ニ流ル、弊ヲ生スル」という三つの理由を挙げていた（同前『第五年報』法学テリー）。

改善策としては「メモランド」、備忘録、講義ノートの作成などが行われた。たとえば解剖学のギールケは「口授ハ預読及温習ノ為メニ余力生徒ニ与フル所ノ備忘録ニ因《より》テ大ニ之ヲ補ヘリ、此備忘録ハ極メテ其解シ易キヲ旨トセリ、然《しか》レトモ講義ト別ニ相異ナルコトナシ、余ハ此備忘録ヲ製スルニ大ニ尽力シ殆ト全放課時間ヲ費セリ、是レ本部ニ完全ナル解剖教授書ナキヲ以テナリ、生徒ノ需《もと》メニ応シテ備忘録ヲ上梓シ各自ニ一部ヲ持タシム」（同前『第五年報』）と述べていた。これは現在の感覚では講義録であろう。外国人教師は

第6	第7	東大 第1	第2	第3	第4	第5	帝大 第1	第2	第3	第4	第5
		→	→	→							
							→	→			
							→	→	→	→	
							→	→			
								→	→	→	
								→	→	→	
										→	
										→	
		→	→								
		→	→		→						
		→	→	→							
		→	→								
			→	→							
			→	→							
			→	→							
				→	→						
				→							
							→	→	→	→	
					→		→	→	→	→	
		→									
		→	→	→	→						
		→									
			→	→	→						
				→	→						
							→	→	→	→	
							→				
								→	→	→	

表4　外国人教師申報収録一覧

	氏　名	開成第3	開成第4	法理文第5	第6	第7	第8	医学部第4	第5
法学	グリグスビー	→	→	→	→				
	テリー			→	→	→	→		
	ターリング					→	→		
	アッペール								
	ラートゲン								
	ストールス								
	ワイペルト								
	エッゲルト								
	ルビリョー								
	チゾン								
理学	アトキンソン	→	→	→	→	→	→		
	スミス	→	→	→	→				
	ワスソン	→	→						
	ヴィーダル	→	→	→					
	マッカーティー	→	→						
	ナウマン		→		→				
	パーソン		→		→				
	ジュエット			→	→	→	→		
	チャプリン			→	→	→	→		
	メンデンホール					→	→*		
	ネットウ				→	→、	→		
	モールス				→				
	ユーウィング					→	→		
	ホイットマン						→		
	ブラウンス						→		
	ポール								
	ワグネル								
	ゴッチェ								
	ワッデル								
	セ　ン								
	ダイバース								
	ノット								
文学	ホートン				→	→	→		
	フェノロサ					→	→		
	クーパル					→	→		
	ラートゲン								
	コックス								
	ディクソン								
	マエット								
	チェンバレン								

								→	→	→	
								→	→	→	
								→	→	→	
										→	
→	→	→*									
→	→	→	→	→			→	→	→	→	
→	→	→*									
→	→	→	→								
→	→	→*									
→	→	→*									
→*											
→											
→	→	→									
	→	→	→	→	→		→				
	→	→*									
		→	→	→	→		→	→		→	
		→									
			→	→	→						
					→						
							→				
							→				
							→	→	→	→	→
							→				
							→	→	→	→	→
									→	→	→
									→	→	→

文学	ブッセ								
	ハウスクネヒト								
	リース								
	フロレンツ								
医学	シュルツ							→	→
	ベルツ							→	→
	ランガルト							→	→
	チーゲル							→	→
	シェンデル							→	→
	ランゲ							→	→
	マルチン							→	→
	マエット							→	
	アールブルグ							→	→*
	コルシェルト							→	
	ギールケ								→
	ゼレスニー								→
	ヂスセ								
	ドュデルライン								
	スクリバ								
	グロート								
	エイキマン								
	ヘイデン								
工学	ダイバース								
	ディクソン								
	ウェスト								
	アレキサンドル								
	ミルン								
	バルトン								
	コンドル								

注　(1)は山川健次郎との共同申報であるがメンデンホールに入れた.
(2)*印は代理報告と原本に記されているもの.
(3)氏名の順番は原則として原本の掲載順とした.

一方的に教授するだけでなく「学生ノ需メニ応シテ」創意と工夫を施していた。さらに理学ジュエットは「生徒ハ余ニ請フテ予《あらかじ》メ其講義ノ筆記ヲ石版ニ印シ各々之ヲ有セン事ヲ願ヘリ、抑々《そもそも》斯《こ》ノ挙ヤ、余ノ講義スルニ随ヒ、生徒カ銘々自カラ之ヲ筆記スルノ煩ヲ省キ、随テ余モ講義ヲ速ニ了スルノミナラズ、要用ナル化合物ヲ遺漏ナク教授スルニ極メテ便ナルカ故ニ、余ハ即チ直ニ之ヲ承諾セリ」（『東京大学法理文三学部第八年報』）と記していた。現在のように講義ノートの作成、要望は、手間省き、講義欠席のための便宜ではなかった。

ところで、最も多く「申報」を残していたベルツのそれには、講義改善とともに生徒の学業進歩と勉学態度とが取り上げられていた。ベルツも「所謂メモランド記憶書〔即チ日ニ説述スル所ノ要領ヲ簡略ニ記載スル者ナリ―原注〕」を与えていた。それはあくまでも自習のためであり、誰彼となく与えると「輙《たやす》ク記憶書ヲ機械的ニ暗誦スレハナリ思考反省セザルヲ云フ」（『医学部第四年報』）とその害を指摘している。さらに「生徒一般ニ関シテ余カ意見ヲ述フレハ概シテ其講義ヲ暗記〔考究スルコトナク―原注〕スルノ弊風アリ……此習癖ヲ矯正スルノ良法ハ、幼年ヨリ欧州ノ語学及ヒ数学ヲ学ハシムルアリ、斯《か》クスレハ生徒ハ幼年ヨリ学問ノ考究其慣習トナルベシ、彼ノ日本及ヒ支那ノ文字ヲ学フハ常ニ暗誦〔考究セスシテ―原注〕スルノ学風ニ陥ラシムルノミナラス多クハ此慣習ノ原因トナルヲ信ス」（医学部『第五年報』）と断言していた。学業の評価に欠かせない試験（「試問」）について彼は、生徒が「真ニ講義ヲ理解シテ之レヲ活用スルヲ得ルヤ否ヤヲ確認スルカ為メ」に行うものであり、「学業優劣ノ標号」であると述べている（『東京大学医学部第四年報』）。そのため試験回数の減少などの議論に対して反論する。「設《も》シ毎半年ノ試験微《〔ママ〕》ツセハ吾輩教授ノ実功如何《いかん》ヲ知ル能《あた》ハザレバナリ」と。試験は学生のためだけではなく、教授自身のための反省材料でもあるのだ、と指摘している。

いまだ政治学、理財学が文学部に置かれていた時代の国法学、政治学、統計学の担当者であったラートゲンの「申報」は当時の教育現場を彷彿させるとともに、現代の大学教育に対しても示唆に富んでいる。それまで担当していたフェノロサに代わり、原理のみでなく「実際ニ渉《わた》ル科目ノ授業」を行う政治学専門教授としてラートゲンは招聘された。彼は帰国後マールブルグ大学教授、ハイデルベルグ大学教授などを歴任した。着任早々の『東京大学第二年報』ではまだ多くを語らなかったが、次の年には大胆な講義改善を試行した。彼は正規の講義のほかに「現今独乙《ドイツ》ノ諸大学ニ於テ施行セル方法ニ倣ヒ政治学演習会ヲ設ケ篤志ノ学生ヲ集メ之ニ従事セシメタリ」（『東京大学第三年報』）と記していた。その演習会の趣旨は「学生ヲシテ学術上ヨリ政治ノ事項ヲ考究スルノ方法ヲ熟知」させることにある。彼は明確な目的、方法をもって現在でいうゼミナールを導入した。彼が出した課題は「古代ヨリ第一四世紀ニ至ル英国憲法ノ発育、進歩」であり、「余ハコレニ関セル至要ノ事項ヲ講述シ且ツ学生ヲシテ最良ノ英国憲法史ニ就キ至重ノ事件ヲ抄録セシメ以テ学生智識ノ熟達、進歩ヲ図レリ」と準備万端であった。これは「一種格段ノ問題ヲ設ケ之ヲ討究セシムル」方法であり、もう一つの学生ひとりひとりに課題を与えて考究する方法は、「其論スル所勢ヒ偏狭ニ陥リ、論文モ亦《また》単ニ諸書中ヨリ抄録告知スルニ止マリシヲ以テ、其裨《ひ》益《えき》スル所甚タ少ナカリキ」という有様であった。結果はどうであったか。彼はいう。「余ハ此会ヲ開キシ以来自ラ夥《か》多《た》ノ時日ト労力トヲ費消セシニ係ハラス寧《むし》ロ之ヲ廃棄スルノ纔《わず》カニ勝レルニ如《し》カスト為ス」。試みは失敗であった。その原因を彼は、第一に「学生一般ニ敢テ自ラ論難攻撃ヲ企ツル者」がいないことを挙げている。演習会の方法である「自他ノ学友ト共ニ討議研究スル」ということ自体が、成立しなかったようである。さらに続けて重要な原因として彼は「学生一般ニ自修ニ吝《やぶさか》ニシテ専《もっぱ》ラ余ノ解釈弁明ニ一任シ去リ、各《おのおの》力《つと》メテ諸大家ノ著書中ヲ捜索シ自ラ研磨スル事ヲ為サス、畢竟《ひっきょう》余カ講義ヲ記憶スルヲ以テ足レリ」という態度にあると指摘する。彼は政治学演習会を改善し盛んにすると翌年に期待をかけていたが、その後の記録はない（ゼミナールについては潮木守一『京都帝国大学の挑戦』参照)。

学生と言論活動

ラートゲンはその招聘の条件に「実際ニ渉ル科目ノ授業」が挙げられていた。これは明治十年代の多くの青年たちが関心を持ったところの自由民権運動が念頭にあったと推測される。政治熱を学問によって冷却しようと狙っていたのではないか。そのことはラートゲンも意識していたと思われる節がある。彼はさきの「申報」(『第三年報』)において次のようなことを記した。「余ノ級中最良ト目スル二学生ト雖《いえど》モ其已《そのすで》ニ探討ニ着手セシ事業ノ好結果ヲ生スヘキ望アルニモ拘ハラス、夏期休業中継テ之ヲ修ムルノ意ナク、却《かえっ》テ此輩ノ学力ニテ企及スヘカラサルノ新事項ニ係ル論文、即チ恰《あたか》モ新聞論説ノ如キモノヲ草スルニ至レリ、故ヲ以テ余ハ学生ヲシテ已ニ探討ヲ始メシ事項ハ之ヲ継続、完了セシメント欲セシモ、終《つい》ニ目的ヲ達スル能ハサリキ、要スルニ学生常ニ其未熟ノ業ヲ以テ自ラ熟セリト自信シ居ルヲ以テノ故ナルヘシ」と。学術論文として新聞論説は認められない、学生は思い上がっていると叱責する彼の発言の趣旨は、直接的な政治運動から学生生徒を遠ざけることにあったと思えてならない。彼の思いは彼だけのものではなく、ほかの教師も記していた。「学生ノ多分ハ行状端粛」、「励精着実善ク学業ニ従事」しているが、「一、三ノ学生ヲ見ルニ、前者ニ反シ其為サ、ルヘカラサルノ学業ヲ以テ余ヲ怠リ、多時ヲ校外ノ事業、即チ新聞紙ノ論説述作ニ費ヤセシモノナキニ非《あら》ス、為メニ利見ルトキハ、元来本学学生ノ如キ、少年輩ニシテ其説ヲ新聞紙上ニ公ニスルモ、社会公衆益ヲ生スルハ幾許《いくばく》モナカルヘシ、他ナシ通例此輩ノ如キハ其思想未夕疎ニシテ、ノ裨益ヲ図ルニ適セサレハナリ」（同『第三年報』法学テリー）と学生の社会的活動への批判も露《あらわ》にしていた。だれがどのような新聞紙上に健筆を揮っていたか。三宅雪嶺の『大学今昔譚』にその一端が記されており、彼自身も執筆していた。ただ、同書を読むと新聞紙への執筆は学生自身による考えではなく、「九鬼（隆一）が岩倉（具視）右大臣に親近して画策し、大学生をして新聞に執筆せしめた」（一三二ページ）とあり、責は学生にのみ帰せられない。

異なる言語と教師の熱意

雇外国人教師の「申報」を中心にして、明治十年代の大学教育の実践をみてきた。

ここに挙げた講義の改善策、努力をすべての外国人教師が行っていたわけでは、もちろんない。言語の壁を乗り越えて学問を教えようとする雇外国人教師の熱意と創意には、大学教授法改善の議論が盛んな現代にも通じる多くの知見が詰っている。たとえば、ラートゲンの試みは教え方一つでもその国の文化が影響することを教えている。

学生生徒の勉学姿勢に対する彼の指摘は正鵠《せいこく》を得ていたであろう。しかし、演習会は素読などを中心としたそれまでの日本の学習形態と原理を異にしており、かつ実際のゼミナール体験者がほとんどいない状況では、その試みは時期尚早と言わざるをえない。彼がそれまでの日本の学習形態を知っていたとは、決して思えないからである。

彼らの熱意と創意は、言語という壁があったからこそ生み出されたのではないか、と考えたくなる。なぜなら、日本人教師の「申報」を読むと、同一言語を使用する者同士の甘えがあったからである。外山正一《とやままさかず》は記していた。「英語ヲ以テ解釈ヲ為サシメントスルモ、能《よ》ク口ヲ開クモノ鮮《すくな》ク、又余ノ英語ヲ以テ真意ヲ釈明スルモ之ヲ了解スルコト能ハズ、已《や》ムヲ得ス往々余ニ向テ日本語ヲ以テセンコトヲ乞フ有様」（同前『第八年報』）と。

明治十七年から東京大学においても日本語による教育が基本となる。それは邦人教員が揃いはじめ、外国人教師が漸減していく時期に符合していた。帝国大学成立後ほどなく、「申報」はなくなる。最後の申報は工科大学の『明治二十三年年報』（明治二十三年一月〜十二月）に収録された。この理由は不明である。教師申報を含む、大学本部の年報の付録として送付されていた分科大学年報を、明治二十四年に至り文部省は不必要と判断して受け取りを拒否してしまう。以後、申報も消滅してしまう。この結果、大学における教育研究の実態を知ることができなくなったのである。大学の一つのブラックボックスとなる。

帝国大学の実像

卒業証書授与式

帝国大学時代になり、卒業証書授与式が大学としての重要な行事、式典となった。明治十年代における明治政府の人材養成は、それぞれの官庁が自前で行っていた。現業に必要な人材はその現業官庁が養成する、というのが基本であった。帝国大学はこのような状況を一変させた。すでに財政的見地なども考慮されて、教育行政の文部省への一元化などの動きは十年代半ばからあった。帝大設置は、その一つの仕上げとなった。

帝大の晴れ舞台

大学には人材養成（教育）と学術研究との二つの目的が付与された。それ以前の人材養成のシステムを再編成して統合するとともに、学術研究という新しい目的をも付与された帝国大学。このいわば「大日本帝国」にとって唯一の大学が、どのような人材を輩出するかは、多くの関心の的になった。たとえば近代法の整備と運用のための法制的必要性、軍医養成、兵器開発などの軍事的要請、中等教員養成などの教育的供給、欧米の近代科学の受容などの科学的探求など、多種多様な目が注がれていた。

卒業証書授与式は、まさに帝大にとって晴れの舞台であった。期待にいかに応えたか、という回答の場が授与式であったといってもいいだろう。いわば国家、社会との相互関係のなかで卒業証書授与式は挙行された。国家、社会の期待と大学の応答のなかで、この授与式はどのような変遷を辿るのか。それは何を物語るのか。

大学にとっての行事、式典を振り返りながら、二十世紀直前までの帝国大学時代の卒業証書授与式をその形式にこだわって考えてみたい。形式は明確な意思の現われである。

大学の行事、式典

大学には大学の固有の行事、式典がある。儀式というほどに規則に縛られてはいないが、式次第程度の順序にのっとり行われる行事、式典がある。大学以外の学校教育機関と同様に行われる入学式、卒業式、創立記念日、周年記念式典などのほか、大学にとって最も重大な行事としては学位記授与式がある。明治十二年七月、東京大学は第一回学位授与式を挙行している。卒業資格をもって学位（学士）授与の資格とする規則が制定され、以後卒業証書授与式が学位授与式となり、法学士、理学士などの学位が授与された。特別の試験を行わず、「学士学位」は卒業証書とほぼ同じであった。しかし、帝国大学時代以降、学士は単なる称号となり、博士と大博士を学位を決めた学位令が制定され、授与権は文部大臣に属することになった。このためか、大学の行事、式典として学位授与式は挙行されなかった。大正期に至り大学が学位授与権を持つようになっても、東京大学では現在行われているような学位記授与式といった特別な式は、行われなかった。

あらためて、東京大学ではこれまで多くの種類の行事、式典を行ってきた。最も「明治的」とでもいうべき行事としては、開業式がある。東京開成学校は明治六年十月九日、駒場農学校は明治十一年一月二十四日、東京大学医学部は同十一年五月、工部大学校は明治十一年七月十五日と、それぞれ明治天皇の臨席の下に行われた。この開業式の式次第の中心は、鑰《やく》（鍵《かぎ》）の授受にあった。所管の長が一度天皇に鑰を渡し、天皇がそれを長に、長が学校長に手交する、という部分が式の中心部分である。鑰の授受が、権威、支配あるいは正統性の象徴またはその行為という一般的な鍵の意味を示していたことは、いうまでもない。同様の儀式が行われていた駒場農学校について、安藤円秀《えんしゅう》は農学校がこの儀式を行ったはじめての機関であるならばという前提で、「恐らくこれは英国から来朝した御雇教師の意見を取り入れたものであったのではあるまいか。英国に於ける竣功開設の際にキイ即ち鑰が重要な役割を演ずることは小生の耳にしてゐるところである」（『農学事始め』五二ページ）と述べていた。ここで注目されるのは、鑰とともに明治天皇の存在、役割がある。

行事、式典としてはこのほかに、三月一日の帝国大学令公布紀念式、四月十二日の創立記念日のほか、戦時中の戦捷《せんしょう》記念、戦没教職員慰霊祭などがあった。

卒業証書授与式を取り上げる前に、帝大創設にともなって新たにはじまった入学宣誓式をまず見ておこう。

入学宣誓式

明治十年に東京大学が創立されても、じつは入学式らしい式は行われていなかった。考えられる理由を二つあげておこう。一つは明治十年代の学校観に帰因していた。この時期、学校のアーティキュレーション（接続関係）は多様にあり、卒業よりも修学に関心が強かった。中途退学者も多かった。要するに入学はいまだなにものも担保していなかったのである。もう一つ、東京大学時代には大学への入学は予備門からであり、多くの教職員は兼職しており、本郷に移転するまで同じ敷地にあり、一体感が強くあった。その予備門卒業と大学入学との間に、特別なイニシエーションは必要としなかったのであろう。

この入学資格においても、帝大時代は大きく異なった。その入学資格を全国に配置された五つの高等中学校、文部大臣公認の学校、帝大の試験合格者に置いていた。一方で西洋大学モデルの適用と思われるこの入学の儀式は、他方で精神的けじめをつける機能を実質的に果たしたと思われる。帝国大学に衣がえをした最初の学期は、コレラ流行のため一〇日間の延期がなされ、明治十九年（一八八六）九月十一日の予定が、同二十一日からはじまった。初年度は入学試験は行わず、予備門生を第一年生に振り替えた。翌年には三二四人（うち二一人は大学院学生で分科大学研究生）が入学した。

入学はすでに明治十九年五月段階で「毎学年ノ始一回」（第一）と規定され、「入学許可ヲ得タル者ハ誓詞ヲ行ヒ学生簿ニ記名シ且ツ正副保証人ヨリ第三号書式ニ準シ在学証書ヲ差出スヘシ」（第八）と誓詞と学生簿の記名が義務付けされていた。最初の入学宣誓式は翌二十年三月一日、帝国大学令公布紀念日に挙行された。宣誓式の手続の一部は次のようである（『百年史』資料一）。

一午前八時十五分式場ヲ開ク大学院学生ヨリ始メ分科大学々生ハ主管大学ノ順ニ依リ一人ツヽ、甲口ヨリ学生簿ノ前ニ進ミ名刺ヲ捧ケテ帝国大学総長ニ謁シ宣誓ノ式ヲ為ス

其誓詞ハ左ノ如シ

大学院学生誓詞

生大学院入学ノ上ハ謹テ規則ヲ遵守《じゅんしゅ》シ品行ヲ正シ所選ノ学芸ヲ専攻シ以テ享《う》クル所ノ栄誉ト恩徳ニ答ヘンコトヲ誓フ依テ茲《ここ》ニ姓名ヲ自記ス

分科大学々生誓詞

生某科大学入学ノ上ハ謹テ規則ヲ遵守シ品行ヲ正シ学業ヲ勉メ本学ノ恩徳ニ答ヘンコトヲ誓フ依テ茲ニ姓名ヲ自記ス

但シ読ムニ及ハス

一帝国大学総長ニ謁スレハ直ニ乙口ヨリ退キ運動場ニ参集スヘシ

学生簿への記名は、当日より二週間以内のうちに適宜、大学に出頭して総長室にて行ったらしい。明治二十三年十月には、誓詞記名が当日の式場と決められ、さらに総長の面前において行うことに変わった。入学宣誓式に重みを持たせるためか、あるいは学生を多数出席させるためか分からないが、式終了までに相当の時間がかかったことであろう。さらに明治二十五年十月十一日、宣誓式を午後から施行し当日午後は休業とし、分科大学講師も参列できるようになった。以上の経過が示すのは、入学宣誓式が全学的な行事として取り組まれるようになってきたことである。

ところでこの学生簿への記名が、決して日本独特の大学文化ではないことは確かである。明治三十五年に文部省専門学務局が編集、刊行した『大学制度調査資料』（第一—第六編）中の第一編『欧州各国大学制度綱領』において、ドイツ大学における総長の権限の一つとして入学登録と退学証とを与える、と紹介されている。ドイツ大学における入学許可の手続きは、次のようであった。「学生ハ入学登録ニヨリテ大学ノ全規則ニ服従スヘキモノナリ又入学後八日以内ニ分科大学ニ出頭シ学長ノ許ニ届出デ、記名ヲナシ」云々と。現在東京大学に残されている学生簿は各分科大学ごと（学長の管轄）にあり、ほぼこの慣行を取り入れたことと思われる。ただし、ドイツ大学に誓詞があったかどうかは、未調査である。この宣誓式は大正八年（一九一九）に廃止され、昭和十六年（一九四一）から一時期復活されたが、戦後再び廃止された。

明治十年代との比較

明治十四年（一八八一）七月九日（土曜日）に挙行された学位授与式次第と、明治二十三年七月十日挙行の卒業証書授与式次第を上下に比較して見よう。

明治十四年七月九日

明治二十三年七月十日（第五回）

午後七時一同講義室ニ入リ各《おのおの》着床ス
奏楽
各分科大学長本学年卒業ノ学生ニ学位記ヲ授与シ了《おわ》リテ祝辞ヲ述フ
学生一名総代トシテ謝辞ヲ述フ
奏楽
法学部　鳩山和夫祝辞ヲ述フ
奏楽
文学部　ホートン祝辞ヲ述フ
奏楽
理学部　菊池大麓祝辞ヲ述フ
奏楽
医学部　ベルツ祝辞ヲ述フ
奏楽

午前十時着席
奏楽
東京大学総理加藤弘之卒業学生ニ卒業証書ヲ授与ス
帝国大学総長演述
卒業学生一名総代トシテ謝辞ヲ述フ
奏楽

文部卿福岡孝弟《たかちか》祝辞ヲ述フ
奏楽
畢《おわり》
夜会（別室ニ於テ）

文部大臣演説
奏楽
総理大臣祝辞
奏楽
右畢リテ工科大学中庭ニ於テ立食ヲ饗ス

式の開始時間と構成、内外教員の演述とが帝大時代に比して東大時代の特色といえる。式は通常午後七時から開始され、終了後には夜会が催されていた。その開始時間が翌年には午後五時半、二年後には午後一時五〇分からと繰り上げられていく。帝大時代では最も早い開始時間は午前七時半である。午後一時半から挙行されることになった明治十六年の式では、学生生徒の式典ボイコット事件を引き起こしていた。のちに「明治十六年事件」と呼ばれる事件である（「東大生の誕生とネットワーク」参照）。騒動はあったが、式は予定通り行われ、この後も開始時間は旧に復さないまま明治十七年は午前一〇時半、十八年は午後一時から開催された。

もう一つは式の構成にかかわる、内外教員の演述である。明治十四年は法・理・文三学部、医学部から各一人が出ており、式次第書には「各教授ニ祝辞演述ヲ依嘱スヘキ筈《はず》ノ処之レカ為メ数時間ヲ費スノ恐アルヲ以テ已《や》ムヲ得ス四学部各一名ニ祝辞演述ヲ託セリ」と注記がなされている。前年のものをみると右の傍線部分が「始メテ今年卒業生ヲ出セル学科ノ教授ノミニ祝辞演述ヲ托セリ」であった。理想的には全教授（この呼称には内外教員を含んでいる）による演述でありながら、長時間にわたるため少数の教授に限定せざるを得ないということであるらしい。明治十三年からこのような注記が続き、十七年は前年の事件の後遺症のためか式次第書はなく、「午前十時三十分皇族大臣参議文部卿並同省職員招待ノ諸氏総理心得同補助幹事教授講師教師及卒業証書ニ記名ノ教員等ノ面前ニ於テ東京大学総理加藤弘之前学年四学部卒業ノ学生へ学位ヲ授与ス」とまったく簡略化されてしまう。ついに十八年十月三十一日の東京大学時代最後の学位記授与式では総理と卒業生総代の演述と文部卿の祝辞のみになってしまった。

複数の内外教員の演説は、教育に直接責任を持つものとして、蛍雪を積み重ねた学生生徒たちに祝詞を述べ、あるいは社会人としての心構えなどを語る。明治十年代の卒業式は、大学全体が教育の成果を確認するとともに、末長き交流を目指しているように見える。もちろん、だからといって無風であったわけではない。さきの比較表に掲げた明治十四年の授与式に参加した鳩山は、「法律の効用」という題にて祝辞をのべたが、その中で大蔵省、

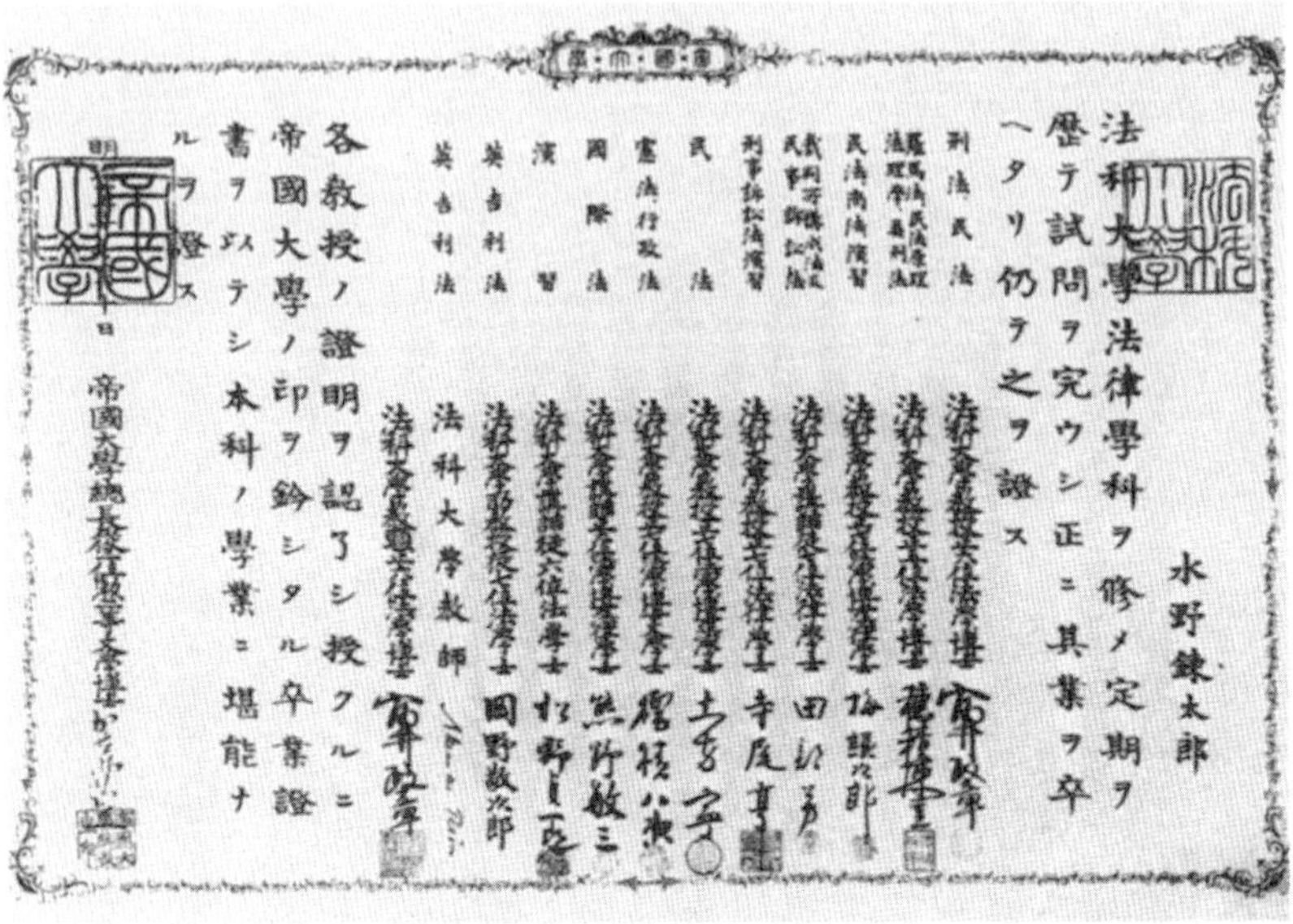
水野錬太郎
法科大學法律學科ヲ修メ定期ヲ
歷テ試問ヲ究ウシ正ニ其業ヲ卒
ヘタリ仍テ之ヲ證ス
法科大學教師
岡野敬次郎
各教授ノ證明ヲ認了シ授クルニ
帝國大學ノ印ヲ鈐シタル卒業證
書ヲ以テシ本科ノ學業ニ堪能ナ
ルヲ證ス

図13　卒業証書（『東京大学百年史』通史１より）

文部省を批判した結果、解職された（鳩山一郎『私の自叙伝』）。お雇い外国人教師フェノロサは、自由民権運動の新聞雑誌などにかかわる学生生徒をたしなめる内容の演説を行っていた（山口静一『フェノロサ・上』）。このほかにもう一つ指摘すれば、明治十六年の式では演述者として法学部非常勤講師栗塚省吾が抜擢されており、学外者にも演述候補者が広く開かれていた、ということである。これは卒業式を開放する一つの試みであり、現在でも検討に値すると思われる。

帝大の卒業証書授与式

明治十九年七月十日が第一回帝国大学卒業証書授与式である。さきの式次第と比較すると、かなりの変化がある。まず第五回卒業式までになくなった事項から見てみよう。

来賓の挨拶は第一回が三人、二回、三回は各一人であったが第四回目から省かれた。第一回の来賓は内閣総理大臣伊藤博文、英国公使ソル・プランケット、ドイツ人政府顧問ヘルマン・ロエスレルがそれぞれ演説をしていた。『東京大学百年史』（通史一）は、伊藤の「余ハ嚮来《きょうらい》諸君ノ実業ニ就クニ於テ各其ノ事業ニ技倆ヲ試ミ且実験ヲ得ント欲スル田圃《でんぽ》ノ狭小ナラサルヲ信ス……諸君ヲシテ積年苦学ノ効果ヲ実地ニ試マシムルノ田圃ニ広大ヲ致シタルヲ信ス」という演説を引用して、「憲法体制の整備に応じて帝大卒業生を受け入れられるようになったことを積極的に披瀝した」と述べている。ただし、文部大臣の祝辞は継続された。

第一回目の会場は工部大学校講堂が当てられた。講堂は、煉瓦造、坪数約七〇〇坪の偉容を誇り、元工部省少輔の渡辺にとって親しみのある場所であった。「同日午後九時同所ニ於テ帝国大学総長及渡辺夫人来賓及其夫人ヲ延接ス」とある。明治二十二年の臨幸の下に行われた卒業式では、新築された工科大学中庭の立食に取って代わり、二年後の明治二十五年にはそれすらもなくなってしまう。ただし翌二十六年には式後の休憩において教職員、学生に茶菓が供されるようになる。

つぎに新しくはじまった事項を拾ってみよう。まずは「奏楽」である。第一回から第四回までの式には、奏楽は一つも挟まれていない。奏楽は加藤総長時代の第五回（明治二十三年）からはじまり、式は奏楽にはじまり、奏楽で終わるようになった。さきの茶菓とい い、奏楽といい明治十年代の式の復活とさえ見える。明治二十四年からは翌年の特待生の姓名が披露されるようになり、茶菓の供応がはじまった明治二十六年からは「新築図書館、博物学教室」を随意に観覧させるようになった（時期により観覧場所は異なる。明治三十年まで）。皇族の出席もこの年からはじまる。卒業生総代の謝辞の順序は帝国大学令に款定された法科、医科、工科、文科、理科となる。
明治三十二年七月十日のに卒業証書授与式の式次第は以下のとおりである。

卒業証書授与式挙行次第

学生入場
職員入場
来賓入場
出御
奏楽
各分科大学長本学卒業ノ学生総代ニ卒業証書ヲ授与ス
入御
奏楽
還御ノ後工科大学中庭ニ於テ
奏楽
各分科大学長次学年ノ特待生姓名ヲ披露ス
総長演述

卒業学生謝辞
文部大臣祝辞
奏楽
畢
楼上ニ於テ茶菓ヲ供ス

それまでの形式とはまったく異なっていることがわかる。天皇の出席にともなう時間短縮の配慮の結果、より以上に代表性的色彩が強い式になった。天皇を中心とした形式性がさらに強調されるようになった。

このときの最も大きな変化は、各分科大学卒業生総代への証書授与である。この方法は思わぬところから異議が出された。天皇そのものが証書を総代にまとめて渡し、のちに分配するという方法ではなく、陸海軍学校と同様に一人一人に面前で渡すようにと注文を出した。しかし、卒業生数の多さにより、東京帝大側は拒否する。その後、この形式が継続されていく。三十三年、三十四年は皇族の出席のため全体の形式は旧に復し、分科大学長による総代への授与は継続された。明治三十五年の臨幸の下の式では、さきの三十二年の式次第中の「各分科大学長本学卒業ノ学生総代ニ卒業証書ヲ授与ス」のみが挙行されるだけであった。総長式辞、学生総代謝辞すらも省略された。何のため、だれのための卒業式か、と考え込まざるを得ない。

変質した卒業式

卒業式が国家的慶事とすれば、戦前においては天皇の出席の下で挙行することが最も完成された形態といえるだろう。しかし、大学における固有の権限としての卒業証書授与が、そのために大きく変質していくことになったのは否めない。臨幸のもとでは形態、内容ともに権威づけられるため、式には代表性と形式化が求められた。

明治国家の主要な期待を一身に担うことになった帝大にとって、天皇を中心とした卒業証書授与式はある意味で必然的ともいえるものであった。帝大以後の式服はアカデミック・ガウンではなく、燕尾服が基本とされていたことにもそれは明瞭であろう。

初代帝大総長渡辺洪基と学士養成

渡辺洪基

帝国大学の創設はいくつもの新しい組織、官職をもたらした。その一つに総長職がある。「文部大臣ノ命ヲ承ケ帝国大学ヲ総轄」(帝国大学令第六条)すると規定された総長は「学者の職であるより、行政官にふさわしい」(『百年史』通史一)職であり、東京府知事渡辺洪基《ひろもと》が初代総長に就任した。彼は工部大学校を管轄した元工部省少輔であり、かつ初代首相の伊藤博文、文部大臣森有礼《ありのり》とも昵懇《じっこん》の間柄にあった。東京大学教職員以外の行政官僚が、総長(総理)に就任したのは渡辺洪基を措《お》いてほかにいない。彼は最初で最後の異色の総長であった。

彼は帝国大学のかじ取りを五年間にわたり行った。在任期間は歴代総長のなかで決して短くはなく、長いほうに属する。また帝大内部にとくに親しくしていた人間がいたとも聞かない。草創期の五年間、彼は孤軍奮闘に近い状態だったのかもしれない。五年間の彼の事蹟、起こった出来事を数えると、草創期の帝大の「父」とも「母」とも呼ばれていい。しかし伊藤、森の影に隠され、彼に対する関心は低いのが今の研究状況である。

渡辺が行った施策の一つに「学士養成の議」がある。彼は帝国大学創設後いまだ二ヵ月しか経過していない明治十九年五月、「学生養成ノ目的及給費ノ方法ヲ記述シテ諸官庁会社幷《ならびに》全国有名ノ人士」に対して二つの「移文《いぶん》」を発した。「移文」とはなにか。『広漢和辞典』によれば「ふれぶみ。まわし文。回状。移書」とある。総長自らが自著して、学生が安定して修学機会を完遂できるように財政的援助を依頼していたのである。

図14　渡　辺　洪　基

帝国大学は国家の圧倒的優遇の下、全国的な学生の供給基盤にたって成立したことは確かである。しかし当初はそうではなかった。座して待っているだけで全国から優秀な学生が蝟集するという状況ではなかった。

初代総長渡辺洪基と「移文」とを通して、初期帝大像をさぐってみよう。

渡辺の課題

国家的威信を込めて創設された帝大の初代総長に選ばれた渡辺にとって、負わせられた課題は、山積していた。処理すべき、解決しなければならない課題は伊藤博文、森有礼らと比して、決して軽いとはいえない。行財政整理、大学内部の運営組織の整備、諸規則の制定、校舎建設など、敷くべきレールは無尽蔵といってもよかった。彼の唯一の伝記『夢――渡辺洪基伝――』（渡辺進編、昭和四十八年一月）中の「渡辺洪基小伝」には、総長時代の事蹟を次のように列記している（五五ページ）。

帝国大学在学中に於て理医科大学実験用アルコールを瓦斯《ガス》に、石油灯を電灯に変更を画し、官庁会社に学生貸費の勧誘、大学院生優遇及び補助の建言を為し。（ママ）学生監保及寄宿舎管理規程、博士学力検定条規並《ならび》に各分科大学教授助教授の月次集会、大学々友会、法科大学入学予備独逸《ドイツ》語学校、大学附属東京職工学校等の規則案を草する等の事あり。

ここにあげられたうち帝国大学史のなかで記録にとどめられているのは、月次集会ぐらいである。これに対して寺﨑昌男氏は渡辺の帝国大学総長時代の業績を「それ自体として歴史的検討に価すると思われる。……彼の業績の中には、分科大学に対する民間からの奨学金の導入、『帝国大学学生盟約』の制定、後述の『教官月次集会』の開催およびその規則制定等いくつかの注目すべき施策があり、一般に、行政官らしい能率主義的な観点から、官僚機構と帝国大学との結合という、伊藤、森の政策の実現を促進したものといえる」(『日本における大学自治の成立』)と、やはり伊藤、森のライン上に評価しているが、きっちりと再評価を提起している。

彼の関心を具体的に見てみよう。一つは財政的関心である。

抑《そもそも》本学ノ経費定額タルヤ十八年以前ニ在テハ毎年多少ノ増減アルニ過キスト雖《いえ》トモ、十九年ニ至テハ旧工部大学校ノ事業ヲ継続シタルニ其《その》定額ヲ増加スルハ僅々壱万余円ニシテ、其実経費金ヲ減殺セラルモノ巨多ナリ、加之《しかのみならず》二十年ニ於テ更ニ減額ヲ見ルニ至ル、蓋《けだ》シ国庫ノ歳計ニ由リテ固《もと》ヨリ不得止《やむをえざる》ニ出ツルト雖トモ、本学ノ経済上ニ取リテハ其影響鮮少《せんしょう》ナラス、事業ハ年々ニ進歩ヲ加ヘ、経費ハ却《かえっ》テ其反対ヲ見ルガ為ニ、学事百般ノ整頓ヲ謀ルヲ得ス、常ニ慨嘆スル所ナリ、……是《これ》経費ノ増額ヲ望ミ合セテ特別維持ノ方法ヲ立テラレ、帝国大学ノ基礎ヲシテ鞏固《きょうこ》ナラシメンコトヲ冀《こいねが》

表5　帝国大学第一学年在学者数（明治19～26年）

年　号	法科	医科	工科	文科	理科	農科	合計	入学者数
明治19	48	51	22	6	12	－	139	－
20	114	47	29	11	12	－	213	214
21	76	42	23	7	5	－	153	155
22	110	28	28	6	10	－	182	209
23	136	41	38	23	11	－	249	348
24	120	33	40	23	15	52	283	295
25	160	31	62	34	24	35	346	401
26	145	37	82	58	29	47	398	418

注　『帝国大学一覧』『帝国大学年報』（各年）から作成．生徒数は除外した．

フ所以《ゆえん》ナリ（『帝国大学第二年報草案』）

この意見には、第一に工部大学校の統合にあたって十分な財政的配慮がなされていなかった、第二に事業の拡張にもかかわらず経費の増額が図られていない、第三に帝国大学財政について「特別維持ノ方法」が必要、と述べられており、財政問題が大きく横たわっていたことを示していた。行財政整理のなかでどのように帝大を離陸させるか、渡辺の関心の所在の一つであった。帝大の財政について、その後を補足しておこう。明治二十一年三月に文部省直轄学校収入金規則が制定され、大学独自の財源として特定の収入を確保することが図られた。二十三年に官立学校及図書館会計法が成立して、帝国大学は以降、特別会計により独自な財源を保有する形態において維持されることになる（『百年史』通史一、二二三～二三〇ページ参照）。

もう一つあった。渡辺は総長演説において毎回卒業生数の少なさを嘆いていた。それはとりもなおさず、在学生、入学生の少なさに起因していることは明瞭である。明治十九年六月、帝大最初の各分科大学の入学予定人員は総数四〇〇人と定められた。内訳は法科一五〇人、医科六〇人、工科七〇人、文科六〇人、理科六〇人である。達成するには数年を要するこれらの数値は、帝大（渡辺）の願望と理解されるべきであろう。明治十九年から二十六年までの第一学年在学者数は表5となる。毎年の分科大学別入学者数は不明のため、第一学年在学者数を示し、入学者総数を併載した。在学者数には留年生などが含まれ、入学者数と同値ではないが、概数は捉えられる。渡辺の予定人数に達するには、八年間も必要であった。理科は特に少なく、半分にも満たなかった。学生数の増大を図るために、明治二十二年五月、高等中学校を経ないで入学したい学生の募集が官報に掲載された。

○法、医、工、文、理科大学入学出願期日

来学年ニ於テ各分科大学正科へ入学セント欲スル者高等中学校卒業生ニアラサル者及同学撰科へ入学セント欲スル者ハ来ル六月十五日マテニ願出ツヘシ

但シ詳細ノ儀ハ各主管科大学事務室ニ就キテ承合スヘシ

明治二十二年五月　帝国大学

(『官報』第一七六三号、明治二十二年五月十八日。二日後まで広告は出された)

大学経費の効率的運用と学生生徒の大量養成、この二つの結節点が「移文」であった。「移文」は二つ発せられた。第一「移文」では分科大学学生の養成の目的と方法を記し、第二「移文」では新設の大学院学生を対象にして、ともに切々と財政的な援助を訴えている。

「移文」の内容

第一「移文」では、まずこれまでの高等教育修学学生について「多クハ政府若《も》クハ有志者ノ補助ニ依リテ学資ヲ支ヘタルモノニシテ、海外留学生ノ如キハ概シテ其資ヲ旧藩主ニ仰クニアラサレハ、即チ国庫ノ支弁ニ係レル者ナリ、是其曩《さき》ニ東京大学及工部大学校ニ於テ給費生ヲ置キタル所以《ゆえん》ニシテ事情ノ万止《ばんやむ》ヲ得サル者アルナリ」とのべる。しかし現状においても「才志ニ富ミテ他日成業ノ期望アルモノ往々其家貧困ニシテ学資給スル能《あた》ハサル者アリ」として、貧困による修学困難な学生が多く、大学としても貸費制度を設けているが、「其範囲益《ますます》広キヲ加ヘテ費用ハ限リ有リ、以テ能《よ》ク其要望ヲ満足セントスルモ勢《いきおい》為シ能ハサルノ事ニ属セリ」としている。渡辺はのちの「一年志願兵規則改正ニ関スル建言」(明治二十三年二月)においても帝国大学学生が貧しいという捉え方をしていた。服役期間の短縮を求めたこの建言において大学生は「富家ノ子弟ハ殆ト之レ無ク多クハ親族知人ノ補助ヲ受ケ又借財ヲ成ス者」であり、「其実況ヲ言ヘハ学生卒業証書ヲ受ケ大学ノ門ヲ出レハ債主前ニ塞《ふさ》ク親族其後ニ満ル」という状態である、と。明治十八年度の法理文三学部の本科生二二八人のうち、給費・官費生は一四四人、全体の六三％を占めていた。ただし、医学部は二三六人中わずかに一〇人にすぎない。

「移文」の内容紹介を続けよう。大学が設定した分科大学特待給費及大学院給費学生規程の対象となった「純正ノ原理ヲ探リ、微妙ノ蘊奥《うんのう》ヲ究ムルノ学科」とは、法科では法学、文科では哲学、史学、和文学、漢文学、博言学、理科では数学、星学、物理学、純正化学、地質学、動物学、植物学と決められた。「移文」で対象としているのは「法律、行政、財政、国際法、医術、衛生、地質、金石、採鉱、冶金、土木、機械、電工、造船、造家、応用化学、薬学、文学等諸学科」の応用的学問に関する学科である。それらも純正の学術と同様に「国家須要ノ学業ナルヲ以テ、固《もと》ヨリ多数ノ学生ヲ養成スルノ道ナカルヘカラサルモノニシテ、官庁会社及富商豪農等各従事ノ実業上、其材ヲ要スルノ日ニ月ニ多キヲ加フヘキ必然ナルヲ以ツテ、其学生養成ノ策ハ其途ニ就テ分担セラレンコト」を希望していた。要するに人材が必要になるのは官庁、諸会社などであるのだから、その養成費用

について は大学と等分の負担をしてほしい、といっていた。その方法は「今日ニ於テ予《あらかじ》メ相当ノ約束ヲ立テ学力優等品行端正ナル学生ニ其学資ヲ給シテ新タニ分科大学ニ入ラシメ若《も》クハ従来ノ学生ニ対シテ同様ノ事ヲ為シ以テ将来要スル所ノ人材ヲ養成セラレンコト是ナリ」と述べていた。

そして第二「移文」は大学院学生の援助が中心である。学生はもともと学生時代から資力が乏しいので大学院に進学ができない。これでは社会人材の需用供給に応じられないので、「官庁会社等ニ於テ分科大学卒業生ヲ採用シテ其所要ノ実業ニ就カシメントスルトキハ先其《まずその》卒業生ニ相当セル給料ノ半額ヲ給与シテ例へハ当然五拾円ノ給料ヲ給与セントスル者ナレハ其半額即チ弐拾五円ヲ給スルカ如キヲ云フ傍ラ之ヲ大学院ニ入学セシメ其日子《につし》ノ一半ハ採用者ノ局部ニ出テ、其命令ヲ奉シテ実業ニ従事シ其一半ニ於テ大学院ニ入リ担当教授ノ指導ヲ奉シテ学業ヲ修メ以テ其科ノ蘊奥《うんおう》ヲ攻究シテ卒業ニ至ラシメンコト是ナリ」。

現代的にいえば、社会人大学院学生の新設を目指していた。パート・タイム的な大学院学生を期待していた。さらに分科大学卒業生に対して大学院修了者の優遇策にまで及ぶ。「大学院ノ卒業生ヲ採用スルニ当テハ、官庁ニ在テハ試補ヲ命シ、或ハ直チニ本官ニ任シ、又其会社等ニ於テハ官庁ニ准シタル待遇ヲ以テ、厚ク之ニ接シ直チニ実業ヲ負担セシムルモノトシ、而《しか》シテ分科大学ノ卒業生ヲ直チニ専用スルニハ、姑《しばら》ク大学院卒業生ヨリ数等ヲ下ル資格ヲ以テ之ヲ試用シ、五年ヲ経テ初メテ其初任ト同等ノ位置ニ進」ますようにしてほしい、と。分科大学卒と大学院在学二年の間に倍以上の差を付けることを希望していた。彼はこれらの措置は採用者、学生双方にとって利益があり一挙両得である、と自画自賛していた。それにしても、学問の研鑽に対する無批判な信頼は、啓蒙期の特徴なのだろうか。ちなみに、翌年には大学院規程が改正され、修学期間を二年間とした分科大学研究生規程が制定された。最初の二年間は分科大学において研究を行い、大学院入学者の適材と精選とを進めることになった。

「移文」の送付先と成果

もう一点、どこに、だれに「移文」したのか。それを一覧化してみた（表6）。送付先は全部で二一四ヵ所であり、官庁関係が一五八と全体の七割強を占めていた。寺院は真宗大谷派のみである。皇族は全部で九家、新聞社は五社である。諸舎および会社には多くの教育機関が含まれている。造士館、同志社、済々黌などである。さらに協会・学会関係などもある。交詢社《こうじゅんしゃ》は慶応義塾の塾員の社交クラブである。これらの送付先を眺めると、いくつもの感想が生じる。たとえば、新島襄《じょう》（同志社）と福沢諭吉の顔は見えるが、決して大隈重信（東京専門学校）の気配はな

表6　移文の送付先一覧(全214通)

官庁関係 (158)	内閣11　内大臣1　元老院1　外務省7　内務省9　大蔵省13　陸軍省11　海軍省13　文部省10　農商務省12　逓信省8　司法省5　大審院1　宮内省8　華族会館1　警視庁1　北海道庁2　府3　県令41
寺院 (2)	大谷光栄　大谷光尊
皇族方 (9)	有栖川宮殿下別当山尾庸三　小松宮殿下別当三宮義胤　北白川宮殿下別当井田譲　伏見宮殿下別当浅田進五郎　山階宮殿下別当浅香茂徳　久邇宮殿下別当北藤孝行　閑院宮殿下別当峯孟親　梨本宮殿下別当本条頼介　華頂宮殿下別当児玉源之丞
新聞社 (5)	日日新聞　報知新聞　毎日新聞　時事新聞《ママ》　朝野新聞
協会・会社・銀行等 (40)	愛育社副長成瀬正肥　郷友舎舎長樺山資紀　造士館長島津珍彦　輔仁会委員長村田氏森　柳川学校会幹事白仁武　育英舎(静岡)赤松則良　大垣養成社井田譲　仙台造士舎長富田鉄之助　宮城学校会山川健二《ママ》郎　同郷舎舎長中牟田倉之助　京都同志社長新島襄　石川育英社幹事長堀尾晴義　熊本専門学舎長長岡護義　熊本済々校佐々友房　和歌山県公立中学校　和歌山県私立徳修学校　交詢社　万年舎　地学協会　独乙協会　足利織染講習所　相生縮緬会社　国文社　忠愛社　博文社　通運会社　第一国立銀行　第二国立銀行　第十五国立銀行　正金銀行　日本銀行　高田商会　平野造船所所長　大倉組　藤田組　馬車鉄道会社　三井物産会社　日本鉄道会社　品川硝子製造所　東京瓦斯会社　日本郵船会社　川崎造船所長

注　『学士養成関係』(明治19年) より．官庁関係の宛先に送付数を付した．

い。新島の名前に上には、わざわざ「クリスヤン宗」と注記してある。さらに言えば「移文」という手段、すなわち学校の援助者や寄付金の募集を、帝大よりも強く進めていたのは新島であり、同志社であった。

つぎに実際の応募を見ていこう。翌明治二十年七月の第二回帝国大学卒業式の演説において、「本学年ノ施設ニ係リ最モ好結果ヲ得タルハ昨年ノ改革ニ於テ官費生ヲ廃シ其他種々経費上ノ節約アリシカ為メ学生ニ志望アリ又需要アルモ学資継《つづ》カス為メニ前途ノ支障ヲ生セントスルノ感アリ、是《ここ》ニ於テ官私ニ移文ヲ出シ奨学ノ貸費ト予《あらかじ》メ就役ヲ約セル貸費トノ二種ヲ勧誘セシニ幸ニ諸方ノ賛成ヲ得テ特別奨励ヲ要スル学科ニ限リ本学ヨリ給費若《もし》クハ貸費スルモノ大学院ニ十五名文科大学ニ十五名理科大学ニ十四名ノ外官私ヲ合シテ殆ント二百余名ノ学資ヲ得タリ、依テ今日ニ於テハ卒業生ノ需要多クシテ供給乏シク其予約ノ学資充実シテ之ニ応スル人員ノ寡小ナル憾《うら》ムニ至レリ、是《これ》実ニ世間一般新学術ノ必要ヲ感シタルノ影響ニシテ欣喜ノ至ニ堪ヘサルナリ」（『帝国大学第二年報』）とその成果を「内外貴紳ノ来臨スルモノ無慮三百名」を前に披露した。『帝国大学一覧』（明治二十～二十一年）によれば、官庁では文部省貸費一〇名、司法省貸費四九名、内閣鉄道局貸費一〇名、内務省土木局四一名、陸軍省依託給費（軍医総監依託を含む）医科大学二〇名、工科大学一四名、海軍省依託給費工科大学九名などであった。会社関係では三菱社奨学貸費一〇名、古河市兵衛奨学貸費六名、藤田組貸費五名、大倉組貸費二名、東京電気灯会社貸費一名、大坂紡績会社貸費一名、住友吉左衛門奨学貸費三名、三井物産会社貸費一名、原亮三郎奨学貸費年年金一〇〇〇円、坂界鉄道会社一名などである。貸費先は一部を除けば、麻生誠氏が指摘するように、当時の政商資本や建築資本が中心(国立教育研究所編『日本近代教育百年史』第四巻)となり、工科大学が圧倒的に多かった。このほか個人による貸費、あるいは故人を偲ぶ畠山義成、森有礼、柴山正秀などの紀念奨学、各県からの公費学生もあった。

これらの成果は各年の『帝国大学年報』、総長の卒業式演説に逐次報告されていき、『第七年報』(明治二十五年)で終わる。この年には総長演説からも報告がなくなる。ただその間に貸費の性格に変化が生じており、奉職義務のともなわない奨学貸費、あるいは物品などの購入費となっていた。のちの規則改正の前提が作られていった。貸費規則は明治三十二年七月に廃止され、奨学貸費規程となる。理由は「貸費規程中実際ニ適合セサルモノ不少《すくなからず》候ニ付」であり、具体的には奉職義務の付いた貸費がなくなり、すべて奨学のための貸費となっていたからである。

「スコラシップ」の創設

明治期の官僚政治家金子堅太郎《けんたろう》は明治十九年四月、大日本教育会（のちの半官半民の教員団体帝国教育会の前身）総集会の席上、「貧生ニ学資ヲ給与スル目的ヲ以テ資金ヲ募集スル論」と題された演説を行っていた（『大日本教育会雑誌』第三七号、明治十九年八月）。彼はアメリカ合衆国における「スコラシップ」制を紹介して、日本における必要性、貧窮学生の現状と救助の急務、最後に「スコラシップ」の創設を訴えていた。

金子は「スコラシップ」を「貧生ニ給与スル学資金」といい、「若干ノ資金ヲ備ヘ置キ毎年此《この》資金ヨリ生スル所ノ利子ヲ以テ貧窮ナル書生ヲ救助シ以テ其教育ヲ遂ケシムル事」と規定する。奨学システムは学術研究助成、上級学校への進学または勉学保障、義務教育などの就学保障の三つに区分されており、金子の場合は明らかに二に該当する。ついで「スコラシップ」の起因に言及する。第一はアメリカ合衆国の豪商、豪農が遺産の一部を寄付したこと、第二には事業などにより成功を収めた卒業生が寄付したこと、の二つを挙げていた。ついで金子は維新期前後からの日本の状況に触れる。維新以前には学問は士族のみが行えばよく、世襲制により「結構至極なる時代」であった。しかし維新後には学問を支えていた士族層は没落して貧窮に陥り、教育費はまったく不十分な状態にある。士族の貧窮学生は、年ごとに財政がジリ貧になるため「他日ノ大成」を目指す余裕はなく、卒業後直ちに小学校教員となり家計を救助するのに汲々している。そんな彼らがどれほど優秀であるかは、東京府下の諸学校の首位者をみればわかる、という。比較されているのは華族、高等官吏、豪農豪商のそれぞれの子弟である。その理由が面白い。華族の子弟は「錦衣玉食以テ其身腹ヲ飽カシメテ未タ苦学ノ何者タルヲ知ラス」、高等官吏の子弟は「毎月父兄ヨリ拾円乃至拾五円ノ金員ヲ貰フカ故ニ自然安逸ニ流レ是亦苦学ノ何者タルヲ知ラス」、豪農豪商の子弟は「修学ノ念慮未タ其心頭ニ浮ハス」と断言して、それぞれ成業の見込みがないと結論する。

士族の優秀な貧窮学生を救助することが急務であり、「将来日本ノ学術技芸ヲ盛ニシテ欧米各国ト肩ヲ並ヘント欲セバ」是が非でもやらなければならない、と言う。では「スコラシップ」以外に考えられる方法はあるのかといえば、国が面倒を見る方法がある。政府の給費生、貸費生にする、という方法である。しかし官費生は一時のやむを得ない措置であり（渡辺と同様な論旨である）、国税は貧窮学生を救助するために政府が徴収したものではなく、ほかに使わなければならない。だから「スコラシップ」を提唱する、となるのである。すなわち「政府ニ於テ貧窮書生ニ救助スル所ノ費用ハ漸次之ヲ廃シ之ニ代フルニ全国ノ有志者ヨリスコラシップノ資金ヲ募集シ以テ貧窮書生ヲ救助セント欲ス」と。

そして最後に具体的な「スコラシップ」の創設を提案している。三、四年かけて資金を募集、積立てて数十万円を基本財産にする。基本財産は大学の会計課において公債証書、各種株券にて運用して、その利子をもって貧窮学生を救済すれば「一ハ以テ国家須要ノ学士ヲ養成シ一ハ以テ学術技芸ノ進歩ヲ助ケ大ニ本邦開明ノ事業ヲ隆盛ニスルニ至ラン」と。一〇万円の資金があれば、七朱の利子にして学生一人に八四円を支給するとすれば、八三人の学生を救済することができる、と計算している。月に七円、年に八四円は分科大学貸費生規則の年額とほぼ同額である（貸費生は八五円以内）。

以上が金子の発言要旨である。

彼は当時内閣総理大臣秘書官であった。発足間もない帝国大学の現状、とくに財政状況を詳しく承知していて決しておかしくない。さらに彼はこの年九月から法科大学にて日本行政法の講義を担当する。金子はこれ以前から、総長渡辺と法科大学教頭穂積陳重《ほづみのぶしげ》に対して、「国家ノ須要ニ応スル学術技芸」の核たるべき憲法と行政法の講義を法科大学に新設することを慫慂《しょうよう》していたという（『百年史』通史一）。官吏任用規則の起案にも携わっていた彼は、大学に多大な関心を持っていたに違いない。この彼の演説は、直接的証拠は見出せないが、渡辺の「移文」の応援であったと思えてならない。渡辺、金子ともに政府および大学の財政的負担を軽減することを目指して主張した。

渡辺が新しい大学の創設にあたり、多くの官庁、会社、富豪などに呼びかけ、支援体制を構築する試みを見てきた。それは行財政整理中に誕生した帝国大学の試練であった。国家の財政的負担をできるだけ軽減しながら、多くの学士を養成するにはどうするか。「移文」という行為は、決して孤立しておらず、金子の「スコラシップ」制度の主張もあった。国家財政に依存せず、現在でいえば民間活力導入による、帝大における学士養成のための自助努力の一つであった。しかしそのための前提である産業資本はいまだ未成熟であった。いわゆる「政商」に頼らざるを得ないのが実情であった。

新しいネットワークの形成

右のような動きに注目すると、いつでもどこでも帝大は厚い国家的保護に包まれていたというのが「神話的」理解であることがわかる。創設当初は帝大の自助努力が求められていたのである。帝国大学を中心とする軍、産、官、民のネットワークがこれらの行為を通して、形成されていく。

このようなかに、一つの私学が明治二十年創設された。帝国大学を卒業した「白面の青年」井上円了《えんりよう》が創設した「哲学専修ノ一館」すなわち哲学館（のち東洋大学）がそれである。同窓生的つながり以外にネットワークを持たず、カリスマ性もなく創設されたこの学校が、その後直面しなければならない障害には、大きなものが予想された。

非職の帝国大学教授

ある帝大教授

帝国大学は帝国大学令により設置された。その法令の起案について、ただ一つ残されている史料には、次のように記されている。

帝国大学令は歴代の文部大臣中最有力なる森有礼《もりありのり》氏が、其教育施設中最重要なるものとして心血を濺《そそ》いで制定せられたる所なれば、固《もと》より属僚の献策又は調査に依りたるものにあらず、……而《しか》して此大学令の制定に当り、若《も》し大学側に相談せられしものありとせば、其れは森氏と親交の間柄でありし外山正一《とやままさかず》氏、菊池大麓《だいろく》氏、矢田部良吉《やたべりようきち》氏位のものなるべし。……大学令に依る大学の改革は、森氏が不出世の名文相たりしのみならず、同氏は大学内に知友多くして、意志の疎通行はれ易《やす》かりし。

図15　矢田部良吉

図15　外山正一

この記録は、『五十年史』（「東京大学小史」参照）編纂に際して当時森の秘書官であった木場《こば》貞長《さだなが》が行った追憶談の筆記である（『百年史』資料一）。帝国大学創設には、森を中心としたごく少数の帝大関係者しかかかわっていなかったことがよく分かる。当時の評価でいえば、森は施策、人事を「専断的」に行った。帝国大学創設を巡る史料がきわめて少ないことも、推測される談話である。

参与者の一人にあげられている矢田部良吉を選び、帝国大学のもう一つの実像を見てみよう。その理由は、彼の軌跡が森の横死を契機にして急転していき、ついには帝大教官非職という最悪の事態によって終息しているからである。まさに草創期帝国大学の光と影を示していた。二つめはこれまでの研究史の再検討から出てきた。帝国大学（令）は、これまで制度や理念、体制（システム）の成立といった取り上げ方がなされてきた。帝国大学に集った人間関係には、深く関心が寄せられなかった。ここでは矢田部という具体的な人物の帝国大学における人間関係を描くことを通して、帝国大学のもう一つの物語を書こうと思う。最後は史料的側面である。矢田部良吉文書として残されている日記、書簡、書類などは、草創期帝国大学を知ることのできる数少ない史料の宝庫といえる。それらの史料を活用して、さらに新しい史料発掘の一助にしたいためである（中川徹他「矢田部良吉資料について」『科学史研究』第一二六号、一九七八年)。

矢田部と森と外山と

矢田部良吉は啓蒙期の学者として、初代の東京大学の邦人教授となった植物学者である。大学教員以外の活動としては井上哲次郎、外山正一らと新体詩運動を担い、ローマ字会の創設者の一人にもなっていた。まず彼の略歴を記し、ついで森と外山とのトライアングルを描くことにする。

矢田部は嘉永四年(一八五一)九月十九日(旧暦)、静岡県韮山に生まれた。父は江戸後期の蘭学者卿雲。中浜万次郎、大鳥圭介等に英学を学び、明治二年(一八六九)五月開成学校教授試補に任ぜられた。翌年外務省文書大令史となり、森有礼の米国行きに随行する。森へ紹介したのは高橋是清《これきよ》といわれ、同じく森に随行した外山正一とはじめて知り合う。渡米中に外務省の職務を辞して、コーネル大学に入学し、公費留学生となり植物学を修める。明治九年(一八七六)九月に帰国、東京開成学校五等教授になり学者としての道を歩みはじめる。明治十四年には邦人教授の一人となる。帝国大学成立とともに同教授となり理科大学教頭、評議官に任命される。明治二〇年一〇月東京盲唖学校長、翌年には東京高等女学校長を兼任する。これらは森の慫慂《しょうよう》によるものと思われる。森が刺殺されたのは明治二十二年二月であり、その一回忌の法事は翌年二月十二日(水曜日)に行われた。彼は外山とともに前日に供え物をしていた。「十一時過キ［南］鍋町ノ風月堂ニ行キカステラ壱箱ヲ買ヒ（二円二十銭）外山ト余ト二人ノ名ニテ森清氏へ贈リ霊前ニ供ス有礼君ノ壱週年ハ明日ナレバナリ」（矢田部日記）。森、外山、矢田部が共に米国にわたってから二〇年の歳月が経過していた。

明治二十四年三月三十一日、矢田部は非職を命ぜられた。非職とは官吏の地位はそのままに職務だけを免ぜられる措置をいう。総長は、渡辺から第二代目加藤弘之に交替していた（明治二十三年五月）。三年後の明治二十七年三月帝国大学教授を辞任した。こののち高等師範学校教授（専門の植物学ではなく、英語教授である）となり、同校長在職中の明治三十二年八月八日に死亡した。

辞任と非職

東京高等女学校は矢田部校長就任時には、文部省直轄であった。もともと同校は明治五年二月に開設された官立女学校からはじまり、東京女子師範学校附属高等女学校を経て、明治十九年二月には文部大臣官房所属の高等女学校となり、ついで六月には東京高等女学校と改称、明治二十年十月から官制改正にともない文部省直轄になっていた（刊行委員会編『お茶の水女子大学百年史』）。明治十九年以降の動き、すなわち森による制度上の位置付け変更は教育内容にも及び、明治二十一年三月には教育目的が「優良ニシテ有用ナル婦女ヲ教育スル所トス」と改正されて、男子の中学とほとんど差のないものが定められた。しかし、このほかの教育政策と同様に森の死去以後、再び保守派の巻き返しが行われた。「森文相の支持に負うところの大きかった東京高等女学校は、森文相の死後、その開明的女子教育に反対する保守派の人びとの攻撃により、廃校の運命をたどる」ことになり、明治二十三年、再び女子高等師範附属となる。

矢田部は箕作佳吉の後を襲いで明治二十一年三月に校長を兼任した。さきに記したように教育目的が変更になった時期であり、森の嘱望を担っての就任であった。二月十二日の条には「午前森有礼氏ヲ訪フ昨日ノ唱歌会ノ事ヲ話シ終尾ニハ女学校担当ノ事ニ及ビタルニ箕作佳吉ヘハ辻次官ヨリ箕作ガ辞職ノ意アルヲ以テ余ニ其職ヲ尋《つ》ガセ度《たく》考《かんがえ》大臣ニ於テ之アルヨシヲ告グル事ニナリテ居ルヨシ且森ハ充分余ニ信用ヲ置キ其職ニ任スル心底ノ趣キヲ聞キタリ」と記していた。この高等女学校の廃止、制度的には所轄変更がどれほど突然かつ秘密裏に運ばれたかが、彼の日記から明瞭である。明治二十三年三月二十五日の条は次のような内容である。「朝官報ニテ高等女学校ヲ廃止スルヨシヲ見ル、大学へ行キ掛《がけ》辻（新次―文部次官）ノ宅ニヨリテ聞キタルニ同校ヲ此度《このたび》設ケタル女子高等師範学校ニ合スルヨシナリ」と。当該学校の長が知らないまま、学校が廃止されるということがあるのだろうか。この記事は当該学校の長が改革問題の圏外に置かれていたことを示している。のちの非職問題と同様に突然な展開であった。しかし、まったく突然というわけではなかった。明治二十二年六月ごろから高等女学校問題が新聞雑誌上に取り上げられ、矢田部校長、能勢栄《のせさかえ》教頭の人選問題、教育方針、収賄問題などが議論されていった。これがさきの「保守派の人びとの攻撃」によるものなのか明らかにできないが、このときには能勢が同年六月に辞職していた。矢田部の辞任、というより高等女学校の廃止はこの文脈で行われたのであろう。矢田部のせめてもの意志表示と思われるのだが、彼は翌日盲唖学校長の辞表を辻に渡している。日記の記述は、高等女学校のほうは決定済みのためこれ以上の記事はないが、以降盲唖学校長の辞任の件が続く。二十八日には辻から辞表が戻されたが、翌日再提出している。このの ち五回の交渉があり六月六日に至り依願免兼官が発令されて、彼にとってはようやく辞任が叶《かな》った、といっていいだろう。森の死亡により兼任役職が解かれるとともに辞任を選択した。

そして矢田部は評議官辞任にまで進む。辞任意向の初出は、明治二十三年九月八日(「晴ル／午前九時ヨリ大学ニテ評議会アリ／本日評議官ノ辞表ヲ出ス」)であり、免官発令は十三日であった。途中の十一日(木曜日)の条に「文部大臣(芳川顕正)ヨリ本日午前十

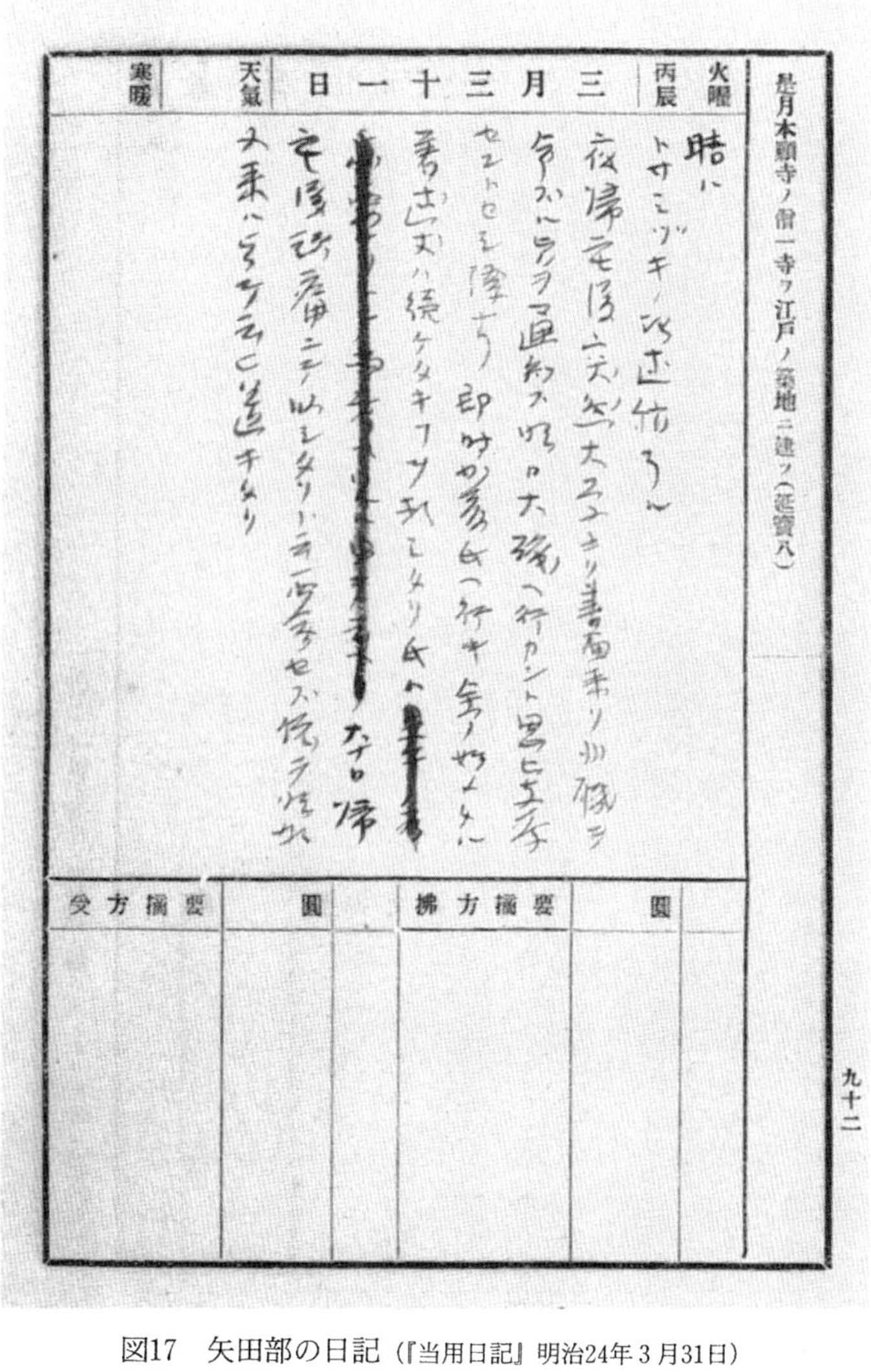

図17　矢田部の日記（『当用日記』明治24年３月31日）

二時文部省へ参ルベキ旨申来リタルニ付行キタル処過日差出シタル辞表ノ事ニ付質問アリタリ」とある。辞任の背景等は今後に期すが、あまりの速断に驚くばかりである。

晴ルトサミヅキノ記述稍了ル夜帰宅後突然大学ヨリ書面来リ非職ヲ命ズル旨ヲ通知ス明日大磯ヘ行カント思ヒ支度セントセシ際ナリ即時加藤氏ヘ行キ余ノ始メタル著述丈《だけ》ハ続ケタキコトヲ頼ミタリ氏ハ（抹消部分）日本ノ為メ必要ナリトテ尚考ヘ見ル由ヲ云ヘリ本日帰宅後頭痛ニテ臥シタリト云面会セズ依テ明朝又来ル旨ヲ云フ置キタリ

これが明治二十四年三月三十一日（火）に矢田部が非職を命ぜられた日の日記である（図17）。まったく抜き打ち的に行われたことがわかる。さらに矢田部の所属した植物学教室の沿革誌を繙《ひもと》いてみよう。そこにも彼の非職がきわめて突然に行われたことが記されている。「然《しか》るに明治二十四年三月三十一日付を以て矢田部教授は非職を命ぜられしが、事甚だ突然たりしため学生は大いに驚駭《きょうがい》せしといふ。斯《か》くして本邦に於ける近代純正植物学の開拓者たりし第一代教授は突然帝国大学を去りしは独り本邦植物学界のため惜みて余りあることゝいふべし」（小倉謙『東京帝国大学理学部植物学教室沿革』昭和十五年、七〇ページ）。小倉は、非職後の矢田部を「寧《むし》ろ煩務避けて専心研究するに都合よく、盛に新種植物等を記載し、又明治二十四年十月以来『日本植物図説』を編《あ》めり」と記していた（同前書)。これ以降の日記を読むと、まず彼は「著述」の保障を加藤弘之総長に再三にわたり懇請する一方で、浜尾新《あらた》にも働きかけていた。本人の進退は四月四日夜、外山と「余ノ将来ノ事ニ付相談」をし、六日には外山を訪問して「将来ノ事ヲ一任スル旨」を話していった。六月五日には外山が伊藤博文を彼のことで訪問しており、十三日には「朝、伊藤伯ヲ訪フ八時頃行キ十時過ギ帰ル」と本人も行っていた。

以上が帝大教授非職の経緯である。

非職の深淵

どうしてこのような人事が行われたのか。彼の日記にはその背景を推測させる記述はなく、加藤総長の日記にもその周辺事情をうかがわせる断片すら見られない。彼と帝大首脳者との関係を見てみよう。

彼の教官在職中に、帝大総長は初代の渡辺洪基から加藤弘之に交替をした。加藤の総長就任については三宅雪嶺《せつれい》の評論がある。「何《いず》れかといへば加藤は東京大学総理を以て終り、帝大総長とならない方がよかつたらう。東京大学は加藤を以て始め、加藤を以て終つたとなつた方がきまりがついて面白い。渡辺にかきまはされた後をいくらか整へたといへばいへるにせよ、渡辺の乗込んだのは伊藤や森の意のやうで、大学内部にその意を迎へたのがあり、加藤が一個の事務家として立つならば格別、学術及び教育に身を委ぬる限り、帝大総長職を辞退すべきであつたらう」(『大学今昔譚』昭和二十一年、六一～六二ページ。大空社から復刻本あり)。渡辺を支えた「大学内部」者とのあつれきを臭わせる記述である。

矢田部は「大学内部にその意を迎へた」ものの一人であった。彼の日記でも、加藤より

も渡辺に親近感を持っていたことが分かる。日記には七月二日の新旧総長の送迎会の簡単な記事があるが、それに比し翌日三日の旧総長送別会の模様は詳しい。「午後七時ヨリ上野精養軒ニテ旧大学総長ノ送別会ヲ開ク、来会者七十三名会費一人前三円、来会者ハ大学ニ関係アル内外人ナリ」とある。加藤日記の二日の条には「午前八時半辻新次方へ参り相談、午後大学へ出ツ今日学生等新旧総長ノ送迎会ヲナスニ付運動場へ参ル、ビールアリ、謝辞ヲ述フ」とあり、学生主体の会合であったことがわかる。ちなみに、当日の加藤の日記を見ると「今日一日休ム疲労故ナリ」とあり一日在宅していたようである。さらに具体的に加藤との関係を見ると、次のような記事がある。

午後一時ヨリ加藤弘之大学々生ニ向ヒ演説スルニ付行キタレドモ教授連来会スルモノ甚《はなはだ》少ナシ医科ハ一人モ見エズ、余ハ行クべキモノト心得テ行キタルニ教授連ハ必ズシモ行クべキニ非《あらざ》ルヨシナリシ暫時聴イテ帰レリ。(明治二十三年十月十八日〈土〉の条。加藤の日記には「午後前ヨリ大学、近日議会開会ノ所大学弁護ニ付必要ナル精神ヲ教

官ニ相談ス」とある）

午後二時ヨリ大学ニテ総長加藤国会ニ対シ大学保護ノ為氏ガ述ブベキ事ヲ演説シタリ（少シク奇ナル事ナリ）諸教員ノ意見ヲ問ヒタレバ余ハ加藤氏ノ演説ハ感服ノ外ナケレドモ（前置キニ云ヒシノミ）欠点アリ、其一ヲ揚ケント云ヒ大学ノ教員ニハ教授モ固《もと》ヨリ大切ナレド研究更ニ大切ニシテ其レガ為ニ割合授業時間モ少キ事ヲ国会ニテ議論ノアル時述ルノ必要ヲ指示シタリ（同年十一月十八日〈火〉の条）

矢田部の行動（途中退席）と寸評（「加藤氏ノ演説ハ感服ノ外ナケレドモ〈前置キニ云ヒシノミ〉」）とから、彼は東京開成学校時代から関係があった加藤を度外視しているかのようである。というよりは、二人の間の溝はかなり深いことをうかがわせるものである。つぎに菊池大麓《だいろく》との関係を見てみよう。

矢田部は明治二十三年、理科大学の植物学教室新設にかかわって、菊池学長と争っていた。十月十六日の条には次のように記されている。

教室ヲ新ニ設クルニ付境界ヲツクルニ板二重ニスベキヲ一枚通リニシ纔《わず》カニ四円五十銭ノ金ヲ出サズト学長菊池云ヒ張ル旨中村秋香来談シタルヲ以テ三崎実験場ノ石垣修繕ニ千百五十円ヲ費スヨシナルニモ係ラス四円五十銭ヲ惜ムノ不条理ヲ述べ右一千百

五十円ハ無益ノ費用ナルコトヲ指示シタリ、暫クシテ四円五十銭ハ惜マズニ二重板ヲハル事ニシタ旨報アリ。

そしてこの欄外に「馬鹿モ世ノ中ニアルモノカナ」と一行書かれているのである。続けてもう一つの記事をみておこう。こんどは興学会（『東洋学芸雑誌』）総会のときである。十二月十一日の条である。

夕刻ヨリ富士見軒ニテ開ケル興学会（東洋学芸雑誌）ノ惣会ニ行ク、来会者後藤（牧太）、村岡（範為馳）、外山（正一）、桜井（錠二）、箕作佳吉、菊池大六ナリ、委員撰挙ノ時、佳吉ト大六ハ余ニ投票セザリシモ余ノ撰挙サレタルハ亦《また》オカシ。

箕作は菊池の三つ下の弟にあたり、動物学教授の任にあった。矢田部は七つ年下の箕作のあとに高等女学校校長に就任していたことはすでに言及した。また、三者はともに理科大学教授の職にあった。箕作と菊池、この二人を矢田部は相手にしていた。植物学者牧野富太郎の大学における処遇をめぐっても、矢田部と彼らとの間に深い亀裂が生じていた（渋谷章『牧野富太郎』昭和六十二年）。

では実際に非職の策に出たのは誰か。もっとも親しい同志であった外山は、次のように述べていた。矢田部には「詰り不人望といふ罪」（『丶山《ちゆざん》存稿』明治四十二年三月、復刻版昭和五十八年十月、五三〇〜五六〇ページ）があり、それは学生間の不人望ではなく「同僚の間における所の不人望、又同時に確かに矢田部君より目上の者達の間に於ける不人望」と指摘する。そして、さらに具体的に文部大臣、総長、理科大学長をあげて「此三人の中の誰が矢田部君非職のことを発議したか、それは我輩は云はぬのである。知らぬと云はぬがそれは云はぬ、それは云はぬが、其中の一人が誰か其議を発したには違ひないと我輩は思ふ」と。そしてついには、「森有礼君が存命であつたならば矢田部君に斯《こ》う云ふ不幸は落ちては来なかつた」「或は総長などに於ても浜尾新君抔《など》が総長であつたらば是程に不幸なことにならなかつたであらうかと我輩は潜《ひそ》かに思ふ」とまで言及していた。この発言は明治三十二年九月二十四日高等師範学校で行われた、故矢田部博士追悼会における演説にあった。追悼会という公的な場面においてこれだけの発言がなされた。事情に通じない弔問者は驚き、戸惑ったにちがいない。またこのような場面から推して、外山には十分な確信があってのことであったろう。さらに別の資料によれば「当時大学（理科大学）では箕作一派が大《おお》いに巾《はば》をきかしてゐて、其の勢力を張る為め矢田部さんを排し」（東大教授中井猛之進博士訪問記「父堀誠太郎のこと」一高同窓会『会報』第三二号、昭和十二年、七四ページ）たとある。この堀もまたこの措置に憤慨して理学部植物園を辞職してしまう。彼はこれ以前、札幌農学校長クラークの通訳として活躍し、開成学校生徒の札幌への引き抜きを行った人物である（馬場宏明『大志の系譜』平成十年）。

矢田部の非職は、明らかに箕作派（菊池）との確執が原因であった。

一つの終焉

『学士会月報』第一四五号（明治三十三年三月）に二つの元帝国大学教員の小伝が掲載されている。小伝は死去にともなう追悼記事である。外山正一と矢田部良吉、この二人の小伝である。外山と矢田部とは多くの共有体験を持っていた。アメリカおよびイギリスへの留学体験、蕃書調所《ばんしょしらべしょ》、開成所などの東京大学の前身校時代からのかかわり、菊池大麓、穂積陳重《ほづみのぶしげ》などとともに邦人教授の第一陣がある。アカデミックな側面のほかにも、井上哲次郎、上田万年らとともに興した新体詩抄運動、唱歌会の組織、羅馬《ローマ》字会の創設、女子教育奨励会など、数え上げれば十指にあまりある。外山と矢田部とは固い紐帯《ちゆうたい》で結ばれていたといっていいだろう。この『月報』の記事の組み方が、じつはそのことを最も雄弁に物語っていた。外山は明治三十三年三月八日、すなわち『月報』当該刊行月に死去したが、矢田部はすでに前年八月八日にすでに死去していた。死去当時は簡略にしか報知されず、ここに至りはじめて小伝が掲載されることになった。約十ヵ月を隔てて死去した二人の教員の小伝をなぜ併載したのか、その理由は詳らかにできない。彼ら二人はともに草創期の東大、帝大を担い、かつ森のブレーンであった。その二人が相次いで亡くなった。

あらためて矢田部、外山、菊池の三人のつながりを考えてみた。矢田部と外山との共通点、修学の経歴、留学先、教授就任の時期などは菊池にも共通していた。しかし、彼らは木場貞長の談のように森の死後も一枚岩的結束のもとにあったわけではなく、決定的な亀裂を生じさせていた。森の死去は、帝大創設史に一つの区切りをつけた。その象徴が矢田部の非職であり、加藤のリバイバルであったかもしれない。

新世紀を迎える前年の『学士会月報』に併載された二人の死亡記事は、さらに大きな転換を物語っていた、といっては文学的過ぎるであろうか。

学歴社会のなかの帝大

優等生制度の成立と終焉

優等生制度

大正七年（一九一八）、東京帝国大学における一つの制度が終焉した。その制度は優等生制度と呼ばれた。天皇（時には代理が）が毎年卒業式に「臨幸」して、優等卒業生に対して銀時計を「下賜」するという、天皇制の「学問奨励」策である。明治三十二年（一八九九）から大正七年まで続き、総計三二三人にいわゆる「恩賜の銀時計」が授与された。明治四十年、『朝日新聞』に連載された夏目漱石の『虞美《ぐび》人草《じんそう》』に登場する小野田さんはこの銀時計組であり、さらに博士号取得を目指すエリートとして描かれている。「卒業証書授与式」のところで取り上げたように、天皇制と東京大学との関係は、長くかつ深い。優等生制度がはじまってからは、その関係も継続的、恒常

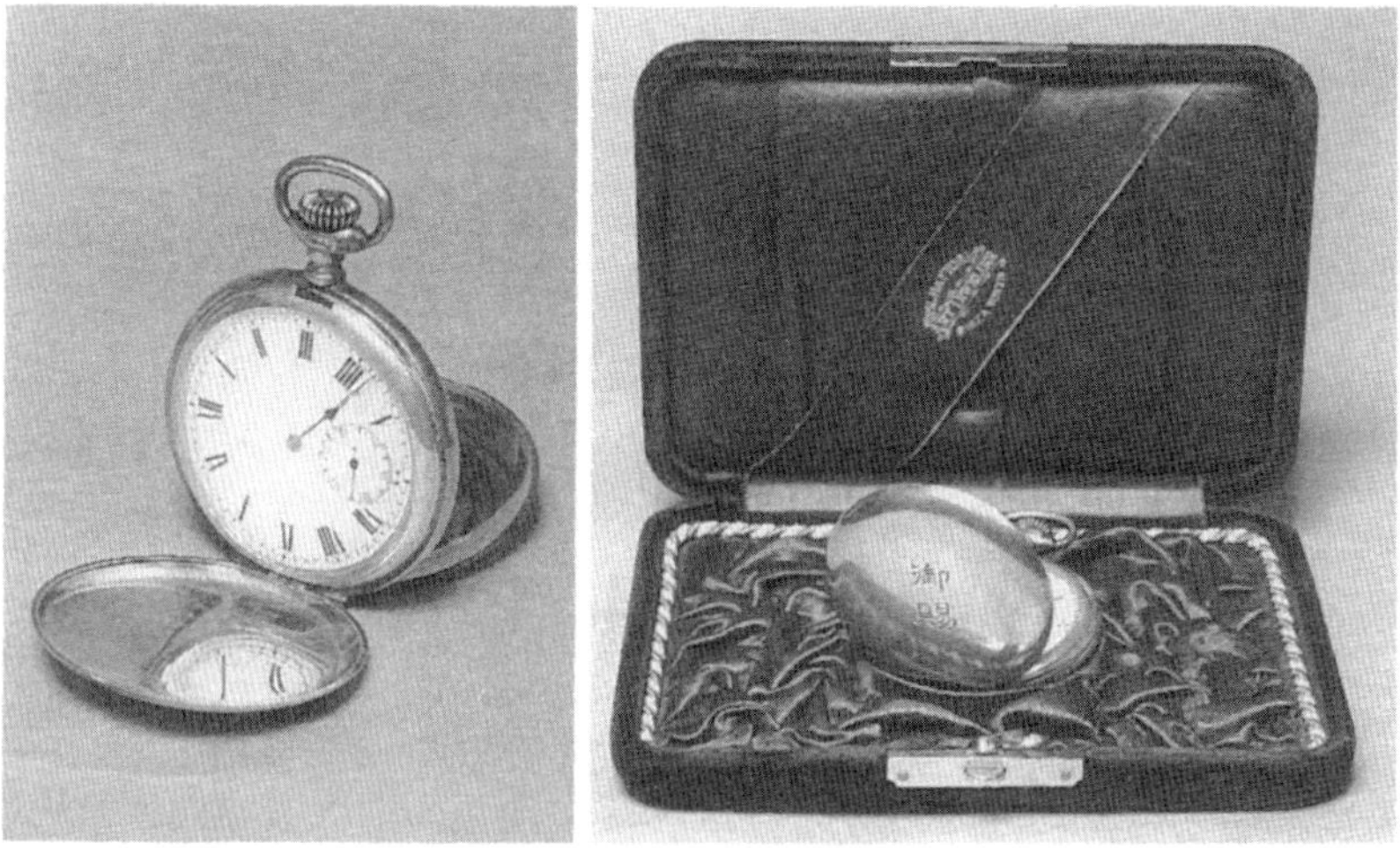

図18　恩賜の銀時計

的になっていった。東京帝国大学は学校体系の頂点に位置し、天皇制との強固な紐帯《ちゆうたい》を結んだ大学として、近代日本の大学の一つの典型となっていた。その一角が崩れた。まず、終焉の場面から入ろう。

制度の廃止

優等生制度は、特待生制度、卒業式とともに廃止された。時系列的に追ってみよう。大正五年四月、総長から経費不足のため特待生の授業料免除を廃止したい旨が述べられ、翌五月には授業料免除の廃止の件が評議会にて決定された。大正六年七月には特待生が廃止されただけであり、このときまでは優等生も選定されていた。大激動は翌年からはじまる。前年末に設置された内閣総理大臣の諮問機関、臨時教育会議の大学改革に対応するため、大正七年三月、学内に帝国大学制度調査委員会を設けた。そこにおいて優等生制度の廃止、卒業式の廃止、試験方法の改善（科目試験の結果には数字評点を廃する、試験の成績に段階を設けることなど）が決定され、評議会でも承認された。決議は文部省へも上申された。

問題が惹起したのは、大正七年六月二十一日の臨時教育会議総会においてであった（審議内容については文部省編『資料　臨時教育会議』第四集）。内務官僚、元文部省普通学務局長江木《えぎ》千之《かずゆき》は、東京帝大における卒業式廃止にともなう臨幸廃止を問題にした。彼は「学問奨励」策としての天皇の卒業式出席は最も重んじなければならないとして、廃止をきわめて遺憾であると発言した。これに対して山川健次郎総長は苦しい弁明をしていた。臨幸そのものを廃止するのではなく、時候をたがえて都合により平日に臨幸を仰ぐ、ということで切り抜けた。最後の年には、五つの帝国大学すべてに銀時計が下付された。

　ところでさきの三つの事項、優等生制度の廃止、卒業式の廃止、試験方法の改善は相互に関連しており、廃止の理由もいくつか考えられた。一つは素点主義から段階主義への試験方法の改善により、優等生の選定ができなくなる。段階評価になると、一点差を争えなくなり、大量の優等生が輩出してしまうからである。二つめは、制定が予定されている大学法令は、所定の試験合格をもって学士号の授与の用件としており「卒業」とはならないため必然的に臨幸もなくなる。さらに優等生制度そのものがもたらした弊害がある。『五十年史』（下巻）では、一つに卒業を学問の修了と誤解して「小成に安んずる者」があり、二つには「恩賜を拝するの栄誉に浴せんが為めに努力勉励し、只管《ひたすら》他に優《まさ》らんことを欲するの弊あらんことを」と記していた。優等卒業生になるための、学生の点取り競争が問題となったのである。試験点数を上げて、成績順位を高くするために、一年休学する学生までいた（緒方知三郎『一筋の道』）。

しかし廃止の理由はこれだけではなかった。『百年史』には指摘されていない理由がまだあった。明治二十二年に帝国大学を卒業した歴史学者三上参次の挙げている理由の一つは、さきに指摘した卒業式の廃止である。大学は研究するところであり、それに三年、四年とかの年限をつけるのはおかしいから、卒業式を止めようという意見が「大分西洋かぶれの教授」から出た。それからもう一面があったとして、次のように発言していた。長くなるが引用しておこう。

それから一面には朝鮮併合とか、シナとの間にいろいろの問題が起るとか、赤化思想の者がいく分出るとかいうようなことがあったため、卒業式に行幸があると囲りの警戒を極めて厳重にしなければならぬ、事実行幸のある時には法文科大学からあの運動場の方に行く所に竹矢来《たけやらい》を廻らして、ちょうど昔の仇打ちの竹矢来みたいなものを拵《こしら》えて厳重に警戒をしたものです。また、大正何年でしたか、卒業式行幸の途次、本郷三丁目あたりから直訴状を捧げようとした者が出た。そんなことで大学としてははなはだ畏《おそれおお》いことでもあり、心配でもあった。それと巡査が大学の中を警衛するということは、大学の自治を乱し、神聖を汚すものであるとして、ひどく嫌った。百歩譲って巡査が大学の構内を警衛するとしても、卒業式には多数の卒業生が並ぶのである。

その中にはシナの留学生もある。そういうものを、式に列せしめない訳にもいかない。そうかと言って、朝鮮人とかその他日本を恨んでいる者があるとすると、誠に心配である。かたがた卒業式をやめることにし、従って行幸をも奏請しないということになった。（『明治時代の歴史学界』平成三年、九八〜九九ページ）

この年、東京帝国大学には学生の社会運動団体としての新人会が結成されていた。平泉澄は銀時計廃止の周辺事情としてこの団体を取り上げている。天皇制国家による植民地獲得という領土膨張主義政策が、優等生制度の廃止の一つの遠因となった、ということか。教育的でも学問的でもない理由もあったのである。廃止の理由、遠因を見てきた。さらにもう一つ指摘すれば、教育界におけるデモクラシー思想の浸透が背景にあったのではないか、ということである。いまだ知られていない、歴史の闇にとじ込められた理由はまだあるのだろうか。

制度の成立と優等生の選定

優等生制度がどのような経緯により成立したのか、よくわかっていない。『百年史』では宇野哲人《てつと》の回想録から、銀時計を陸海軍にだけ出すのは不公平だという運動の結果であると述べている。しかし、これだけではないであろう。最初の銀時計の下付が行われた年の雑誌記事を読むと、帝国大学生の現状

（「其多くは素行修らす抱負小に、区々徒らに学閥の縁に因りて小成に安んずるに過ぎざるもの多く」「過去現在の帝国大学々生に向っては名の遂に実に貧たらざるかを疑はずんばあらず」云々）に対する改善策として有効であるという認識を示していた（「帝国大学学生の栄誉」『教育報知』第六一七号、明治三十二年七月二十五日）。前年の尾崎文相の共和演説、この年の条約改正など、いま少し社会的政治的背景が描かれなければならないだろう。

では「恩賜の銀時計」とはなにか。広義には天皇が各教育機関の優秀卒業生に与えた褒賞品の一つである。まず小島健司氏の「恩賜の銀時計——その百年の歴史——」（日本福祉大学『研究紀要』第七八号、一九八九年）を参考にして、その概要を記しておこう。「恩賜の銀時計」と呼ばれる恩賜品とは、授爵、叙位、叙勲などの栄典が天皇大権事項に属して、諸法規に規定されているのに対して、特別の法規上の規程がなく、特別の「思召」によって皇室から褒美、奨励あるいは慰労の意味で下賜され、宮中席次、礼遇などには関係しない品であった（藤樫準二『恩賞考』昭和十九年、二六四ページ）。銀時計は賜盃、軍刀、帝国学士院の恩賜賞などの一つであった。銀時計は東京帝大をはじめ（授与数は本書と異なる）、京都、九州、東北、北海道の各帝大に、このほか学習院と商船学校にも授与された。もともとは軍学校に授与されており、陸軍士官学校、同経理学校、海軍軍医学校などが対象となっていた。

ここでは天皇（あるいはその代行）が東京帝大の卒業証書授与式に臨み、優等卒業生に与えた賞品としての銀時計を取り上げる。優等卒業生に与えられたため、優等生制度とも呼称される。天皇によるこの恩賞制度は、学力認定、学事奨励にとどまらずさらに一歩進めて、成績優等の卒業生に対して人間的評価をも付加することになった。知的能力はいうに及ばず、人格的にも優れた人物として評価されることになった。「明治末期から大正前期にかけては競争と序列付けの制度が最も精緻に展開された時代」（『百年史』通史二、二〇〇ページ）と評価される時代にあって、優等卒業生の褒賞はその象徴であった。

この優等生の選定は、実際どのように行われていたか。「優等生」制度という表現を使っているにもかかわらず、成文化された全学に共通する規程は見当たらない。試験点数なのか、人物評価なのか、両者の総合評価なのか、これまでまったくはっきりしていなかった。薬学科の場合、試験成績が審査基準に採用されていたことを示す、次のようなエピソードが伝わっている。

これより先（時期は明記されていない）、医科大学教授会での審査の折、薬学科卒業生一名に異論を唱える声もあったが、薬学科教授の示した全科目一〇〇点満点の成績表が歴然たる証拠で、全会一致で承認されたという。（根本曾代子『日本の薬学――東京大学薬学部前史――』昭和五十六年、一六七ページ）

『百年史』編纂後に、一つの選定基準が見つかった。これまでなにか客観的な基準があったはず、と推測されていた資料の一つが出てきた。東京大学史史料室に所蔵されている「坪井九馬三《くめぞう》」史料中の、文科大学における優等生選定に関する史料がそれである。

史料は三種類ある。一つは「［内規］卒業試験ニ関スル内規」に記されているもの（明治三十八年五月十七日、六丁）、二つめは「優等生ニ関スル内規」（蒟蒻《こんにゃく》版一枚）、最後が「文科大学内規類纂（一）（二）」（（一）蒟蒻版三枚、（二）蒟蒻版三枚）に記されているものである。（二）の「優等生ニ関スル内規」による選定基準は「第一条　優等生ハ各受験学科ノ卒業生ニシテ素養最モ多大ニ其必修学科目ヲ最モ熱誠ニ修了シタル者ノ内ヨリ之ヲ選抜ス」と規定され、年月日を欠いている。（一）と（三）は内容、年月日ともに同一であり、規則の名称が少しちがうのみである。この二つの内規（明治三十九年六月十三日）では、「一、卒業試験成績九十点以上語学試験ノ成績平均七十五点以上ヲ得タルモノヲ優等生候補者トス」とある。この二つの内規はずいぶん内容が異なる。（二）は基準があいまい、教授の匙《さじ》加減で決められるような印象がある一方、（一）（三）は客観的な厳しい基準である。この（一）（三）と（二）の二つの内規の前後は確定できるだろうか。二つの内規にはともに明治三十七年九月から施行され、明治四十二年まで続いた文科大学の新学科課程にみられる受験学科という文言が使用されている。（二）が後と考えると明治四十、四十一、四十二年の三年間適用された内規となるが、最初の二年間文科は銀時計を授与されていない。（二）の基準の場合、該当者がいない状況は考えにくく、それよりも（一）（三）のほうが厳しく、明確であり、試験の結果、該当者がいないという事態が生じる、と考えられる。当初は規則による選抜ではなく、ほどなく（二）の内規が明治三十八年まで適用されて常時優等生を出していたが、翌年から（一）（三）を適用したとたんに該当者がいなくなり、三年後に回復した、と推測される。

実際の授与数から推して、はじめ明確な基準を持たなかった選抜基準は、年を経るに従い、たとえば後述のように陸海軍からの不満が出されたように、基準の明示が求められていき、ほかの分科大学においても授与基準が明確に点数によって示されていった、という経過を辿ったのではないだろうか。もちろんまったく別の推測もできる。選抜基準の厳格な点数化が弊害を生じさせたため、のちに明示をあいまい化した、という推測である。試験点数は文科大学と薬学科の例からも窺われるように、高得点にちがいない。八〇点から一〇〇点の間であったろう。

さらにもう一つの重要な性格が付与された。（二）の内規を読むと、規程上の点数を満たすことは必要条件にすぎなく、このほかに主査委員の意見陳述、予選会の各員による無記名投票が行われることになっていた。優等生の選定にあたってはたんに成績ばかりではなく、学生の人間的要素も加味され、評価されていた点である。

さて、授与数が全般的に増加の傾向にあるということは、学生が優秀になった、点取り競争が激化した、教員の採点が甘くなった、はたしてどれが正解なのだろうか。

授与数とその実態

歴代総長のなかに二人の優等卒業生がいる。農学者の佐藤寛次と政治学者南原繁である。南原は卒業した大正三年（一九一四）当時の法科大学における銀時計の下賜数を次のように回顧している。「一般には法律、政治、経済それぞれ一人ずつ。ところがぼくのときは政治学科で二人にくれた。六高からきた柔道の強い宗像久敬君、これがよくできた。私が一高で、二人同点ということじゃなかったのですか。それで、特別に二つ出すということでした。法律では荒井誠一郎と三井に行った松永正虎、村岡《（ママ）》直養の三人、経済は秋山信だった」（丸山真男・福田歓一編『聞き書　南原繁回顧録』東京大学出版会、平成元年、二四ページ）。さらに続けて、彼の卒業前後から法科大学の伝統、学生の意識が変化して、それまでほとんどが官界に入っていたのが、実業界にも就職するようになった、「いわゆる銀時計組で三井などに行く人が出だしている」（同書、質問者、二七ページ）とある。この短い引用のなかに、「恩賜の銀時計」のイメージが濃密に詰っている。

授与総数三二三個を表7に年別学部別授与数をまとめてみた。第一に、年により授与数の増減が激しいことが指摘できる。初年度は、のちにもう一つの頂点を形成する年と授与数が同じである。もっとも少ない時は二分の一以下の数しかない。表7を見ると、明治三十二年から明治三十四年、明治三十五年から明治四十年、大正六年から廃止される大正七年と、三つの山に分けることができるようである。全般的には卒業生数の増大とともに、授与数も増えている。最初の授与数の減少は、次のような事情による。授与が開始された翌年、陸海軍から不満が出された。明治三十三年七月十日の条には次のような記述がある。

東京帝国大学各分科大学学生卒業式授与式を行ふ、仍《よ》りて優等卒業生十七人に賞品を賜ふ、初め文部大臣、車駕の臨幸を奏請せしも、故障あるを以て臨御あらせられず、賞品の下賜は一に昨年の例に倣《なら》はしめたまふ、尋《つ》いで十四日、京都帝国大学卒業式授与式を行ふ、優等卒業生二人に賞品を賜ふこと、東京帝国大学に於けると相同じ、

表7　優等卒業生人数一覧（明治32〜大正7年）

年号	法	経	医	薬	工	文	理	農	合計
明治32	3		1	1	6	8	1	2	22
33	3		1	1	4	4	2	2	17
34	1		1	1	2	2	1	1	9
35	3		1		4	3		2	13
36	5		2		3	1	1	1	13
37	5		2		2	2		1	12
38	4		1	1	3	3	1		13
39	4		2	1	3	3		2	15
40	3		2		5		1		11
41	5		2		3		2	2	14
42	3		1	1	4	3		3	15
43	4		2	1	4	2	1		14
44	3		2	1	4	2	2	2	16
大正 1	4	1	2		4	3	1	2	17
2	5	1	3	1	4	4			18
3	5	1	4	1	5	1	3	1	21
4	8	1	3	1	4	3			20
5	6	1	3	1	5	2	2	2	22
6	8	2	3	1	4	1	2		21
7	6	2	4		4	3		1	20
合計	88	9	42	13	77	50	20	24	323

注　「経」は法科大学の経済学科と商業学科，「薬」は医科大学の薬学科．『東京大学百年史』（通史2，199ページ）より．

而《しこう》して皇族臨場の請願ありしも聴《ゆる》したまはず、然《しか》るに近者陸海軍両大臣の間に異論あり、文部省所管の帝国大学卒業学生に対し、賜賞多きに過ぐと、故を以て内閣総理大臣山県有朋、宮内大臣子爵田中光顕と相議して内奏する所あり、是に於て自今陸軍は大学・砲工・戸山・騎兵実施・士官・中央幼年・経理の七校、海軍は大学校にのみ親臨を賜ひ、海軍機関学校及び兵学校には並びに皇族をして之れに臨ましめ、文部の管轄に属するものは東京帝国大学にのみ臨幸を賜ひ、而して其の賞品は皆前例に依るべきことに内定あらせらる。(『明治天皇紀』第九巻、八五九〜八六〇ページ)

要するに帝大の優等生乱発に起因していたようである。

第二に、分科別に授与数の差が激しい点である。最も多い法科の九七個に対して理科はわずか二〇個であった。五倍弱の差が生じていた。まず、なによりも学生数の差が考えられるが、このような差がどうして生じたのかわからない。授与数が少ないことを別の表現にすれば、文科の基準から推すと、それに達する卒業生が少なかった、ということになる。競争原理は、多くの学生が在学することにより、働くシステムなのかもしれない。文科は二年間、農科は六年間、理科は七年間該当者がいなかった。各分科を概観すると、法科、医科、工科は増加傾向を示していた。全学授与数の半数近くを占めていた大正六年の法科

（授与数一〇個）卒業生は、学年暦の変更にともない三月と七月の二回卒業生を出していたためである。理科、農科は一〜三個の振り幅を示しているにすぎない。

さらに、卒業席順を見てみた。南原の回顧にあるように、同点数の場合は授与枠が拡大されることがあるからである。ただし、この席順はきわめて相対的な意味しかない。首席といっても、一〇〇人中の一番と二人中のそれとでは比較にならない。基礎部門の理科、文科には学科にごく少数の学生しか在籍していないことが多かった。これを念頭において見れば、第一位卒業は二六六人、二位が四三人（南原の事例）、三位が一二人おり、さらに第四位が二人もいた。首席卒業生が優等生でないことは、さきに指摘したように一人も該当者がいない年がある分科があることから明らかである。この複数の授与者を、南原の場合のように同点であるとも、あるいは基準以上をクリアーすれば何人にでも与えるとも考えられる。ただしここでは速断を避けて、首席卒業イコール優等生でないことを確認するにとどめる。もう一点疑問を出しておこう。それは首席卒業生ではなく、次席卒業生が優等生に選定されたケースが二つあることである。辞退は可能だったのだろうか。

最後に出身旧制高校を見てみた。出身高校が不明の一三人を除くと、その内訳は一高二一四人、二高一八人、三高二八人、四高一四人、五高一四人、六高七人、七高三人、八高二人、山口七人である。残る一人は学習院出身で、初代文部大臣森有礼の長男森清である。一高が全体の七割弱を占める。一高が各分科に占める割合中、最も高い数値を示しているのは法科（七六％）と理科（七五％）である。一高志願者には一高―帝大法科―優等生のルートが見えていたであろう。競争原理がはたらく基盤があった。そのほかはほぼ六〇％である。各年における一高出身者の割合は凹凸が激しいのが特徴的といえばいえる。強いて高原状態を挙げれば、明治三十八年から四十二年ころにかけては、八割から七割を占めていた。

優等生たちと授与の方法

優等生の群像として文科大学生を取り上げる。文科優等生は総数五〇人になる。最初の年の授与数六人は例外とみて間違いない。こののちは一、二人の授与数となる。学科別の授与数を見ると、最も多いのが英文八人、ついで哲学（哲学史を含む）七人となり、国史六人、ドイツ文学、国文各五人、言語四人、漢学三人となる。彼らのキャリアーを追うと、顕著な傾向が見られる（以下の職業は大正十一年、昭和十二年の学士会名簿、一高同窓会名簿、『新潮日本人物事典』などによる）。ほとんどの優等生が教職に従事していることである。職業不詳の小林一郎、森清、死亡一人を除いた全員が、教職に就いているのである。カトリック神父になった岩下壮一すら、第八

表8　優等生氏名（明治32〜大正７年）

年　号	法	経	医	薬	工	文	理	農	計
明治32	中西　清一 河津　暹 末広　重雄		岡田　栄吉	谷井　千次郎	直木倫太郎 池田　正彦 小島精太郎 小倉　公平 藤井　光蔵 井上匡四郎	波多野精一 吉岡　郷甫 中山久四郎 辻　善之助 松村　傅 新村　出 茨木清次郎 中目　覚	柴田　桂太	麻生慶太郎 渡辺　音吉	22
33	蠟山長次郎 松本　烝治 松岡　均平		稲田　竜吉	近藤　平三郎	金森鍬太郎 斎藤　真 荒川　文六 船橋　了助	吉田　熊次 宇野　哲人 八杉　貞利 武内　大造	片山　正夫 谷津　直秀	岩住　良治 鈴木　重礼	17
34	島村他三郎		中　金一	慶松勝右衛門	田中　不二 杉山清次郎	小西　重道 森　清	矢部　長克	池田　伴親	9
35	石坂音四郎 西野　元 杉田　富		井上嘉都治		井上　範 内丸最一郎 太刀川平治 寺野　寛二	小林　一郎 塩谷　温 片山　正雄		外山外美雄 外山佐四郎	13
36	牧野　英一 雉本　朗造		小川瑳五郎 中井　元吉		佐野　清風 大河内正敏	安藤勝一郎	鈴木　庸生	片岡　謙	13

	小野　義一 小川郷太郎 上杉　慎吉				岡本　　桜				
37	二上　兵治 松本　　修 片山　義勝 吉野　作蔵 池尾　芳蔵		井上　通夫 藤村　喜作		朽木　綱貞 日置　雅章	厨川　辰夫 桜井　政隆		佐藤　寛次	12
38	氏家　洗耳 黒田　英雄 荻田　悦造 佐竹　三吾		真鍋嘉一郎	朝比奈　泰彦	竹村　勘忢 山川麟一郎 田中　芳雄	椎尾　弁匡 阪倉篤太郎 松浦　　一	藤原松三郎		13
39	松村真一郎 吉田節太郎 木村　鋭市 明石　照男		大久保　栄 織戸　悦造	橋本　祐三郎	手塚　　善 岡田信一郎 鉛　市太郎	伊藤　　伸 中川芳太郎 橋本　進吉		藍崎　成男 植村恒三郎	15
40	村上　恭一 小林　欣一 山室　宗文		柿内　三郎 熊谷　徹蔵		横山　孝三 小松郁次郎 菱田　唯蔵 丸沢　常哉 井手　健六		広部　　一		11
41	渡部　　信		小沢　修造		朝倉　希一		窪田　忠彦	見波　定治	14

41	鳩山　秀夫 穂積　重遠 太田嘉太郎 富田勇太郎		加藤豊治郎		中川　健二 素木　晃治		川村多実二	島村　虎猪	
42	堀切善次郎 立石　信郎 青木　得三		宮路　重嗣	松南　千寿	山本　武蔵 一色　貞三 川上　嘉市 竜野　昌之	木村　泰賢 矢吹　慶輝 市河　三喜		宗　正雄 寺尾　博 藤岡　光長	15
43	広瀬　温 皷　包美 佐上　信一 渡辺　鉄蔵		佐々　廉平 木村　男也	山科　樵作	秋田　政一 湊　一磨 大屋　敦 吉川　晴十	木村善太郎 牧野　純一	竹内　端三		14
44	山ノ内静吾 河上　弘一 矢野　真		宮川　米次 増田　胤次	武田　二郎	物部　長穂 日高　鉱一 蜜田良太郎 勝俣　英	谷内　正順 斎藤　勇	亀田豊治朗 河村　幹雄	那須　皓 藪田貞治郎	16
大正1	金森徳次郎 末弘厳太郎 杉　宜陳 津島　寿一	上野　道輔	栗山　重信 平松　濤平		佐竹　義雄 佐藤　定吉 荘原　和作 久村　種樹	岩下　壮一 松本　重彦 高木市之助	杉村欣次郎	荒木　文助 三浦伊八郎	17
2	日野水忠作 吉野　信次	大内　兵衛	佐藤　彰 額田　晋	桃谷　幹次郎	明石　和衛 井口　常雄	大西　克礼 中村　孝也			18

	吉阪　俊蔵 森　荘三郎 田中広太郎		今村　荒男		阿久津国造 白石　宗城	木村　謹治 太宰　施門			
3	荒井誠一郎 松永　正虎 村瀬　直養 宗像　久敬 南原　繁	秋山　信	永井　一夫 丸井　清泰 熊谷直三郎 正木　俊二	石原　絜行	山口　昇 井口　春久 山中直次郎 福田　啓二 向井　三郎	綿貫　哲雄	清水　武雄 石井　善七 鮫島実三郎	佐々木　喬	21
4	高橋　錬 横山　正幸 野村　信孝 田中耕太郎 高畑　輝雄 大澤　章 唐沢　俊樹 河合栄治郎	町田　成美	馬場　辰二 田村　憲造 深町　俊吾	三宅　馨	内海　清温 木戸　小六 瀬藤　象二 伏屋義一郎	千原　円一 龍　粛 矢代　幸雄			20
5	入江真太郎 杉田正三郎 西　愛人 青木　一男 日下　辰太 小林正一郎	松本　実三	荒井　実 高木　八郎 田宮　猛雄	前田　仙太郎	岡部　三郎 大角　亨 丹羽保次郎 高橋貞太郎 野口　篤雄	石田幹之助 島津　久基	黒河　竜三 松本　唯一	川上孝一郎 笘名孝太郎	22
6	小畑　忠良	柳田　健	井深　健次	刈米　達夫	宮本武之輔	岡崎　義恵	百済　教猷		21

6	斎藤　樹 石井　修二 大西　文一 広瀬　豊作 舞出長五郎 大野　竜太 田中　貢	丹治　三郎	柿沼　昊作 戸塚　文卿		藪田　為三 小川　清二 別宮　貞俊		菊池　泰二		
7	平島　敏夫 佐藤庄四郎 西村淳一郎 武部　六蔵 河西　金城 小島　新一	桂　皋 三木維四郎	太黒　薫 原田　豊 佐々　貫之 角尾　晋		服部　譲次 仁科　芳雄 牧　鋭夫 杉本　正邦	善浪　達童 楠　弘閭 平泉　澄		浅見　与七	20
合　計	88	9	42	13	77	50	20	24	323

出典　各年の『学士会月報』『官報』『卒業証書授与名簿』.

高等学校教授がその前職である。この傾向は理科大学にも見られる。理科二〇人中一四人までが教職に就いていた。職業不詳の一人、森清について、有礼の後妻の孫娘にあたる関屋綾子は清の思い出を「その優秀なる学識にもかかわらず生涯を静かに家にこもり、読書と釣に過した人」と書き記している（『一本の樫の木』昭和五十六年、五九ページ）。

文科優等生中の一高出身者の割合は、全体の傾向より少し小さい。五〇人中三〇人（六〇％）を占めていた。このなかに旧制高校出身者でない人物がいた。東京帝国大学教授、宗教学者の木村泰賢《たいけん》の略歴は以下のとおりである。明治十四年八月十一日、岩手県岩手郡田頭村に生まれた木村は、郷里の小学校を卒業後、曹洞宗僧侶の教育機関の中等学院、高等学院に進学する。高等学院を中途退学して一時青山学院中等部に在籍したのちに、中等学校卒業資格を修得する。曹洞宗大学（現、駒沢大学）を明治三十六年七月に卒業すると、東京帝大文科大学に選科生として入学した。その彼がどうして学士号を取得して卒業できたのであろうか。彼は在学中に高等学校卒業程度学力検定試験（卒業学力検定）に合格しており、かつ選科でありながら全科目を修得して卒業したからである。高等（中）学校卒業学力検定試験の合格者を入学条件として規定したのは、明治二十六年八月以来であった。彼は選科、学力検定というバイパスを辿って、優等卒業生を獲得した。選科から正科への転学を果たした者は多数いた。法学者の高根義人、山田三良《さぶろう》、哲学者西田幾多郎《きたろう》もその一人である。さらに学力検定合格者（一高検定）には歴史学者中村孝也と社会学者綿貫哲雄がいた。中村は高等師範学校を卒業したのち卒業学力検定を受けて本科生として入学した。極めて少ない数ではあるが、一高―帝大―優等生というルートのほかに彼らが存在していたことは、注目されていい。そして立身出世の多肢性に思いをめぐらすのもいいだろう。文科にとって優等生制度は、教育研究分野における後継者養成に絶大な成果をもたらした。優等生ゆえに教職を目指した結果とは言えず、それまでの延長線上にある。教職は文科の就職先として最も安定していた。このことから優等生のイメージが決して高級官僚だけでなかったことは、明瞭である。医科の場合もまた、大学教授候補の留学生選定には、銀時計組でなければならないという不文律があったという（『一筋の道』）。

この後優等生制度も天皇の卒業式への出席も復活することはなく、卒業式だけがその後再開される。

法科万能主義

優等生制度の弊害として指摘された成績至上主義は、よりよい就職口に直結しており、糊口《ここう》の道は国家官僚への道に繋がっていた。文科大学教授、国文学者芳賀矢一はそのような状態を「法科万能主義」と呼び、その批判を公然化した。芳賀は述べている。「要するに上は輔弼《ほひつ》の大臣から、下は刀筆の吏に至るまで、一切の国務政務の施行者、商事会社の事務担当者までも、法科出身者ならでは、其の地位を与へられぬといふ有様、……要するに、現今は法科万能の世の中である。日本が急に法治国家となる為に、此の形勢を馴致《じゅんち》したのである。他学科は姑《しばら》く置き、国家の思想界を指導すべき文科は、今日全く、度外視せられて居る。換言すれば、虐待せられて居る。……全国の秀才は、文科には最も縁が遠い。論より証拠、多少の優秀者を別として、今日高等学校の入学者で、文科に入るものは、法科を第一志望としたものが、仮にはいるといふ形跡がある。これが果して、国家の健全な状態であらうか」(「法科万能主義を排す」『帝国文学』大正六年六月号)。現役の文科大学教授が虐待という言葉まで使って、法科万能主義、成績至上主義を批判していた。このような背景も見逃すことはできない。

山川総長は臨時教育会議の席上、大学への臨幸そのものは否定しないばかりか、是非とも適宜にお願いしたい、と述べた。山川の言は行幸に関する大学全体の雰囲気を伝えていた。関東大震災後に建設された大講堂(通称、安田講堂)は、行幸を前提に建設された(「東京大学小史」参照)。これはまさに山川の意見を裏書する施策となっている。しかし学内の不安定要素を抱え込んだ大学が、再び天皇を迎えるのは、戦意高揚のプロパガンダとして行われた皇紀二千六百年奉祝関係の行事の一つとしてであった。

大学は新しい局面を迎えた。

ルサンチマン的大学論の行方

文科の時代

明治三十八年（一九〇五）十月、『文科大学学生々活』（以下『学生々活』と略記する）と題された著書が発行された。著者はＸＹ生、出版社は今古堂という。同書末尾の広告には、読売新聞社の宣伝と同紙所載の記事をまとめた新刊本、あるいは同紙記者の著作などが多数掲載されている。早稲田大学人脈と強く結びつき、文芸を特色とした読売新聞社系の出版社と思われる。

『学生々活』を取り上げる理由は三点ある。

第一は「文科大学」を主たる対象にしたはじめての評論と思われるからである。昭和戦前期まで含めても唯一の文献ではないだろうか。第二は筆者が文芸関係に強い記者という

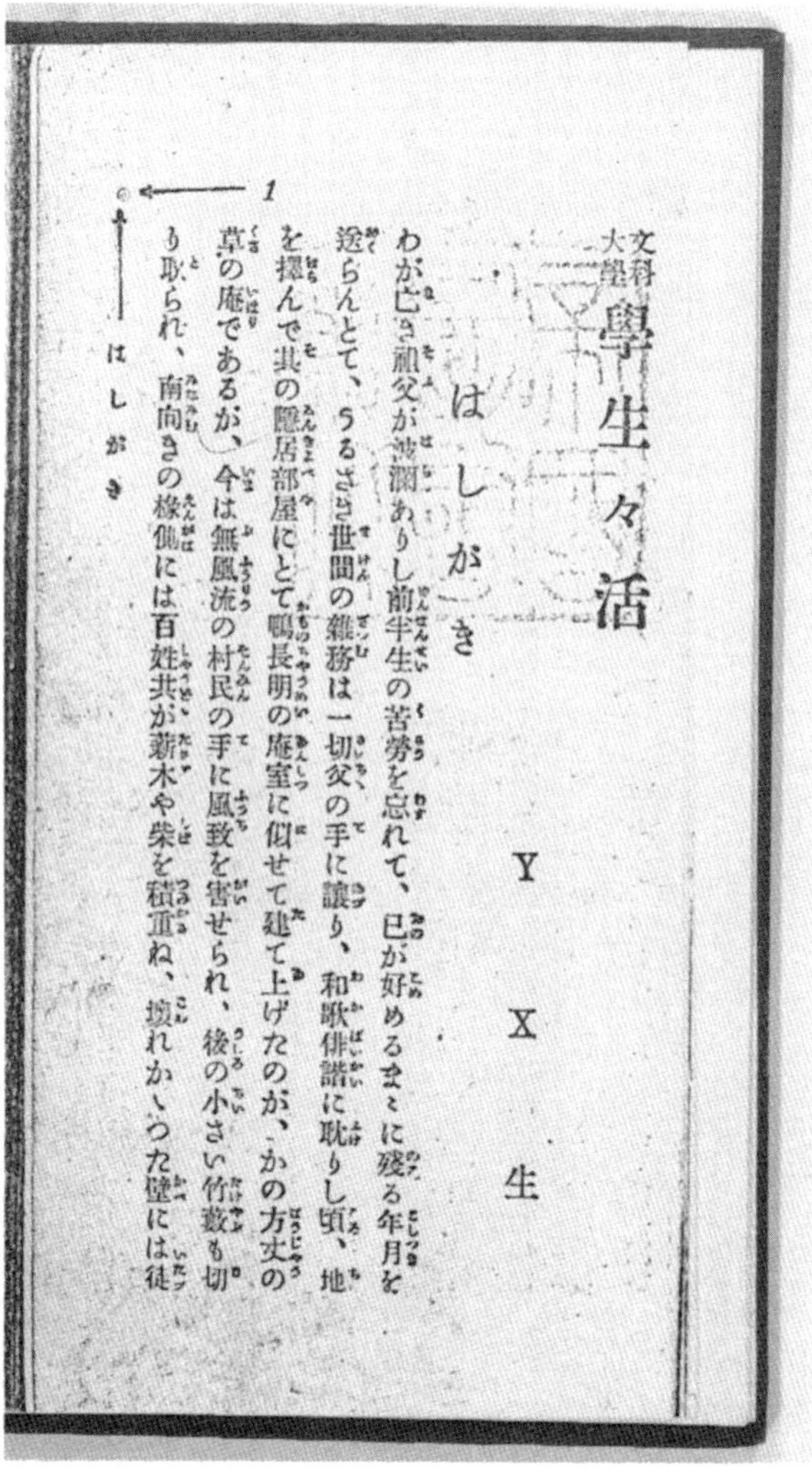

文科大學學生々活

はしがき

Y X 生

わが亡《な》き祖父《そふ》が波瀾ありし前半生《ぜんはんせい》の苦勞《くらう》を忘《わす》れて、己《おの》が好《この》めるまゝに殘《のこ》る年月《としつき》を送《おく》らんとて、うるさき世間《せけん》の雜務《ざつむ》は一切父《ちゝ》の手《て》に讓《ゆづ》り、和歌《わか》俳諧《はいかい》に耽《ふけ》りし頃《ころ》、地《ち》を擇んで其《そ》の隱居部屋《いんきよべや》にとて鴨長明《かものちやうめい》の庵室《あんしつ》に似《に》せて建《た》て上《あ》げたのが、かの方丈《はうぢやう》の草《くさ》の庵《いほり》であるが、今《いま》は無風流《ぶふうりう》の村民《そんみん》の手《て》に風致《ふうち》を害《がい》せられ、後《うしろ》の小《ちい》さい竹藪《たけやぶ》も切《き》り取《と》られ、南向《みなみむ》きの椽側《えんがは》には百姓共《ひやくしやうども》が薪木《たきゞ》や柴《しば》を積重《つみかさ》ね、壞《こは》れかゝつた壁《かべ》には徒《いたづ》

1

はしがき

図19　『文科大学学生々活』冒頭

点にある。本文にも指摘されているように、文科大学卒業生の主な就職先は中等学校の教員にあった。その中から少しずつ文学者が登場してきていた。井上哲次郎、芳賀矢一らが『帝国文学』を創刊したのは一〇年前の明治二十八年であった。文芸的側面から（文科）大学を取り上げる状況が生まれてきていた。

さらにもう一つ。もともと個別の分科大学（学部）を取り上げることそのものが、珍しい。帝大全体ならばいざ知らず、一つの分科のみを取り上げるのは、読者が限定されるし、購読も期待できないだろう。そこをあえて冒険をさせた背景には、一つの先例があったからである。同じ『読売新聞』に明治三十六年二月から八月まで連載された『東西両京之大学』があった。のちに一冊の本にまとめられた同記事は、東京帝大と京都帝大との法科大学を教授の実名をあげて比較、評論していた（講談社学術文庫に復刻された）。『学生々活』の筆者はこのことを承知していた。要するに、大学の内情を教授の実名をあげて読み解く、実録物としては『学生々活』は二番せんじであったが、その受け手である読者層を読めた、想定できたから連載が可能となり、単行本にもなったという点が第三の理由である。文科の存在が社会的な関心の対象となってきていたことを示しているからである。

ところで著者のＸＹ生とは誰であろうか。のちに紹介する夏目漱石の書簡に明らかなように、連載当時から実際の筆者は知られていた。ここでは伊藤整の記述を引いておこう。

明治三十八年の夏『読売新聞』に連載されて後に今古堂書店から出版された『文科大学学生生活』は、東大前の森川町に下宿してゐた正宗白鳥が、東大の教授たちについての噂を下宿の学生たちから聞き集めて匿名で書いた原稿であつた。（『日本文壇史』第九巻、三三～三四ページ）。

XY生とは正宗白鳥のペンネームであった。彼は『学生々活』に先行した連載を承知していたことはさきに記したが、次のように述べていた。

当時の読売の連載物では、五来素川氏の『東西両京大学』評論と、河上肇《はじめ》氏の『社会主義』評論とが最も評判がよかった。五来氏のは法科の教授の人物評であったようだが、私の出鱈目《でたらめ》の人物評とは異って、調査の行届いた穏健な評論であったらしい。（「文壇的自叙伝」『日本人の自伝』第一六巻、昭和五十六年、二七ページ）。

文学士の活躍

『学生々活』が登場する前史を見てみよう。

一八九八年（明治三十一）十一月に成立した第二次山県有朋内閣の文部大臣には樺山資紀《かばやますけのり》が就任した。彼は文部省人事を刷新するにあたり、外山正一に全面的に委嘱した、と伝えられている。翌年四月に文部次官に就任した「明治十六年事件」の処罰者の一人、奥田義人の追憶がある。

樺山伯は文相に任命されたものゝ、文教方面のことについては殆んど何も知るところが無かった。それで或日いろいろ考えた末、元東京大学の総長をやったら第二（ママ）次伊藤内閣の文相をつとめた外山正一氏に会見を求め、「私は今回大命を拝して文部大臣になったが、御承知の通り一介の武弁にすぎません。教育というようなことは従来曾《かつ》て考えたこともないので、実は目下途方にくれている次第です。誰かこの方面に明るい次官及び局長に（ママ）欲しいと思うがお心当りはないでしょうか」ときいたものである。すると外山氏は「それはあります。私に人選をお委せ下さるなら、明日にでも揃えてお目にかけましょう。併《しか》し後になってから兎や角申されては中に入った私が困ります」と答えた。すると大臣は「もちろんおまかせした以上は無条件で一任します」と云ったそうである。（樺山愛輔『父・樺山資紀』私家版、四二八ページ）。

この結果、岡田良平が高等官四等参事官から高等官二等参与官に、上田万年が高等官五等東京帝国大学文科大学教授から高等官二等専門学務局長に、沢柳政太郎が高等官五等第一高等学校長から高等官二等普通学務局長にそれぞれ抜擢された。最も卒業の早い岡田は、清沢満之《まんし》の次席として明治二十年七月哲学科卒、沢柳は翌二十一年同学科中ただ一人の卒業者であり、上田万年は沢柳と同年和文学科を卒業しており、まさに帝国大学文科大学草創期の卒業生人事といえる。「この三人は中学と大学時代の学友でもあったから省務は支障なく至って敏速に何もかも片付いた」（同前書、同ページ）とある。

文科大学出身者が行政官僚としてトップに立ちはじめていた。本節の対象時期前後において、岡田、沢柳ともに次官を襲うことになる。同書の前史、背景にこのような文科の時代を読んでも、あながち間違いでもあるまい。

白鳥の弁明と評価

新聞連載『学生々活』は、明治三十七年（一九〇四）十二月二十三日から明治三十八年二月二十七日まで連載された。挿絵、写真類はいっさいない。記事は三〇のテーマを取り扱い、五〇回（はしがきを含む）分を数え、掲載面はほとんど一面である。新聞社の力の入れ具合がわかる編集方針である。記事の順番は、次に掲げた単行本のそれとは異なっており、また収録されなかった記事もある。連載最後の記事の末尾には「予茲《ここ》に文科学生々活を描くこと三十回、教授講師の批評も三分の一に過ぎず、学生日常の生活状態も細叙するに至らざりしが、一身上の都合により一先《ひとま》づ茲に擱筆し、折を見て再び稿を起すことゝしぬ」という擱筆の辞がある（連載期間はほかの白鳥年譜でも誤りがあった。さきに引いた伊藤整の記述の誤りを指摘しておく）。

正宗白鳥は明治十二年三月三日、岡山県に生まれている。明治三十四年に東京専門学校(のちの早稲田大学)英文科を卒業し、明治三十六年には読売新聞に入社していた。白鳥の弁を聞いてみよう。

私が当時の新聞に連載したもののうち最も厭《いと》わしい記憶を留めているのは、『大学学生々活』と題したものである。腹には何等の悪意を有《も》っていなかったにしても、いい加減な噂を種にしておまけを付けて、面白づくの人物批評をやったので、所謂《いわゆる》悪徳記者の舞文曲筆《ぶぶんきょくひつ》に類したところがあった。……『学生々活』にしても、もっと観察の目を光らせ、もっと熱心に調査をしたら、あんなに浅薄俗悪なものにならなかったであろうが、当時の私は、丹念にある一事に没頭する気持になれなかった。ただ、毎日の職務である『よみうり抄』の材料集めのため、あるいは新聞の原稿依頼のため、帝大関係の文人学者を訪問しているうちに、おのずからいろんな噂が耳に入ったり、彼等の生活振りが心に印象されたりしたのであった。(前掲「文壇的自叙伝」二五ページ)

自伝には、続いて大学、学生、近所の評判が記されている。「読者受けはしたに違いなかったが、大学街では悪評も盛んであった。下宿屋の、房州出身の女中が、『あなたは、私の家の悪口を書いたり、お客のことを悪く書いたりして酷《ひど》いね。おかみさん怒ってるよ』と云ったこともあったが、主筆宛てに非難攻撃の手紙を寄越したものもあったようだ。……わざわざ私を訪ねて材料を提供した学生もあったが、私に筆を少し慎むように注意した学生もあった。闇討にでも遭いそうな気がした」（二六ページ）。井上哲次郎との面談の折、井上から「あんなものを書く人間も、書かせる新聞もよろしくない」とくどくど言われた、という回顧もしている。

ところでXY生と名乗っていても、その実名は知られていた。本文において「教授講師引くるめて誰にも縋《すが》りついて立身せんとの念もなき無所属の紳士の一人」としてあげられ、さらに「吾人夏目先生と大塚（保治）先生とが馬鹿に好き」とまで書かれた夏目漱石は、友人に次のような書簡を出していた。「あまり読売で学者の様に吹聴されると大学の講堂で講義がやりにくゝて困ります。白鳥子は一面識なき人なり先達《せんだつ》て尋ねてくれた時は歌舞伎座へ行つて留守であつた。近い身より抔《など》より却《かえ》つて知らぬ他人の方が時々は買被つてくれるものに候」（江藤淳『漱石とその時代』第三部、平成五年、三四ページ）。井上の意見もさることながら、文科出身者を含めた多くの読者がいたことが推測されるのである。

図20　明治末の本郷（『風俗画報』より）

『文科大学学生々活』　『文科大学学生々活』の目次を左のように学生生活編、教師編、番外編の三つに便宜区分してみた。

はしがき
（学生生活編）
入学前の抱負　角帽の被始め　貧民は学問すべからず　学問外の修養　下宿屋の朝　小料理屋の夕　学生の新年　試験の難関　角帽と海老茶　恋の学生
昔の大学々生　狭斜通
（教師編）
教師の品評　六歌仙　古今学長競べ　学長の文学観　系統表　赤門の聖人
史料編纂所　鴛鴦《おしどり》博士　漱石と柳村　道学先生　号外博士　海軍狂　一等巡洋艦　桑木博士　白鳥博士
（番外編）
学制改革　深夜の図書館　早稲田の文科

はしがきの前に置かれた「序」に本書の趣旨が書かれている。「XY生といふ文科生の立場より見たる学生雑感を集めたるを以て『文科大学々生々活』と題するなり。蕪雑なる小篇を臚列《ろれつ》したるが如きも拠つて以て地方青年が高等教育を授受する学者学生の気風の一班を窺ふを得ば足れり」。さらに、地方青年に対する情報提供ということを明記している。本文中では次の弟を登場させている。

彼れは家計の許さぬ為中学を卒へしのみにて、進んで学問もせず、徒《いたず》らに耒鋤《らいじょ》を執つて草深き田舎に埋もるゝを憾《うら》み、度々の音信にも最高の校舎に学ぶわが身の上を羨まぬことはないのである。（五ページ）

白鳥はこの設定をどれほど意識していたのだろうか。本書の教育環境は一家族に二人もの中学校卒業者がいる設定になってる。戦前期においてはかなりの「高学歴」家族と言わざるを得ない。のちに触れる石川啄木の言においても、中等教育機関卒業生の輩出は村単位の話である。

本書の構成比率は生活編が三六％、教師編が五三％を占める。書名とは異なり、教師編のほうが分量としても多く、少ない学生生活編でもそれが十分に描かれているわけではない。試験とか、科目履修とか、成績評価、運動などの直接的、現実的な学生生活は少ない。どちらかといえば学生生活を取り巻いている環境のほうの描写が多い。「試験の難関」として法科の弊害が、少し誇張されて次のように描かれている。

見よ、試験場の惨憺たる有様、氷嚢を頭に頂き青息吐息の徒あり、薬瓶ぶら下げて凹《くぼ》んだ眼光炯々《けいけい》たるあり。眼くらんで戸口と間違へて壁にぶっつかつて倒れたるあり。

高等教育の弊害は法科の卒業試験場に最もあらはれてゐる。（四一ページ）

生活編のなかでは「恋の学生」が最も多いページ数を占めている。（大）学生の恋愛などを描いた小説はすでに発行されていたが、このような「大学論」にも取り上げられる事項になっていた。近代における学生の「堕落」「酒色に耽《ふけ》る」問題はすでに明治初期からの課題としてあった。東京大学では根津の遊廓が対象になったらしい。「明治十二《（ママ）》年の四月に今の東京大学が開設されることになったので、すぐ近くに遊廓があったのではよくないという理由で、根津遊廓移転問題がもち上った。結局明治十七年になって、来る二十年十月に移転完了するということになった。しかし、実際は二十一年六月末までかかって洲崎へ移った」（『文京区史』巻三、一一五六ページ）を読むと終期はわかるが（工科の移転完了はこの時期）、すでに明治九年には東京医学校は移転してきており、事実関係には疑問の余地が残る。それにしても、このようなテーマは裏の大学（学生）文化論にしかすぎないのだろうか。

「諸教授講師の品評を綜合して、天下に示さんか。今日の文科大学の相場は自から解せられやう」（六七ページ）として教師編がはじまる。さきの白鳥本人の言にもあったように、教授講師間の派閥争いや品評に終始しており、なにやら古い手法の暴露記事の印象が強い。ただ、教師評として次のような言葉が並べられているのを見ると、それほどの時間と感覚のズレを感じさせない。

只《ただ》本職に不忠実にて、学生に対する情合の全く欠乏せるは恕《じょ》すべからざることである。（七一ページ）

（外山正一元総長を取り上げて）品性も高潔、第一生徒に対して温い情味のあつた点は、井上（哲次郎）博士や坪井（九馬三）博士とは比較にならぬとは否まれぬ事実。（七二ページ）

（西洋学者社会に通じる唯一の教授である白鳥庫吉を評して）博士は常に自己の研究の進路を講じて学生に研究の方針を示し、又質問に応じて一々自己の意見の発展し来りたる種本を明かし、決して他の教師の如く他の書籍よりの受売りを自己の発見の如く見せかけることなし。（二四六ページ）

現代にも適用できる大学教師像といえるだろう。学生に対する溢れる愛情、品性上等、客観的な研究態度など、白鳥の目を通してみた大学教員の理想像に違いない。しかしこのような理想像の描かれる状況が生まれていたことに改めて驚く。さらに髭をたくわえ、厳めしさを加えれば、ほぼ完璧な教師像ができあがる。可視的存在となった大学にはいろいろな要求がだされたが、理想の大学教員像はその一つであろう。

各分科の学生評、特に文科は現在流布している歴史的イメージに近似している。

(下宿屋の女中の会話)そりや大学校のお方だからさ、其中でも色々あるんだつて昨日お神さんがいつてたよ。法科と工科の人が一番さつぱりして男らしい、医科の人はいや味があるし、それから文科の人はくすんでゝ一番いやだつて、それに何だつて、文科の方は官員さんにもお医者さんにもなれないし、一生お金持ちにはなれないんだとさ。(三一ページ)

なにやら、分科大学の「国家有用」からの距離を示しているようである。分科大学のイメージが類型化されはじめたということか。

ところで、この書において、最も注目したいのは大学というものの捉え方であった。

大学とはなにか

論より証拠、当時雷名高い博士様と、我田舎の漁夫や百姓とどちらが仏様に近いか。

学問のお陰で煩悩が無くなることか。夫婦仲が睦まじくなることか。鬼か仏《（ママ）》になることか。……小学校の教師が太郎兵衛の箱入娘を疵物《きずもの》にして村中の大評判、あんな先生には小供《（ママ）》をまかされないと放逐したけれど、帝国大学教授正何位勲何等の大学者が、待合酒の香の消えぬ口先で、金持の坊ちやまをお教へなされても御親達は何とも仰有《おつしや》らぬ。しかも其《そ》の方々の我物顔になさる大学校を建てるお金は、お白粉や臙脂《べに》の香とは違つた肥桶を担いで、汗水垂らして儲けた中から差上げたのだ。今時の人に矢鱈《やたら》に大事がる教育とはそんな者か。（一七ページ）

　あゝ貧乏人は学問すべからず、我れ魔王に代つていふ。汝等《なんじら》は智識の宝庫を窺ふ勿《なか》れ。只愛児の衣服を割き、日々の食物を減じて国家の教育費を負担し、予等十数年の学資を費し得る資産家の子弟の為に数百の大学を建てよ。教育の二字は神聖なり。学校に多額の基本金を献ずる者これを特志家といふ。（一八ページ）

　社会科学的認識というよりも、白鳥自身が言っているように「無教育者に成変はつて心にもない気焔を吐いた」だけのこと。心情的な批判、捉え方にすぎない。しかしこれらを無視しては大事ななにかが欠落するように思われる。なげやりな、ちゃんとした調査にもとづかない、文芸家の評論だから表現できた感性的な批判である（帝国大学成立以後の大学批判については前掲寺﨑『日本における大学自治の成立』参照)。

しかし、当然にもこれだけではない。もう一つの心情もあった。予は十数年来秩序正しく真面目に勉強して、角帽を被る身分となつたのであれば、学生として名誉といつてよい。大威張りに大手を振つて闊歩する資格が備はつてゐるのだ。(九ページ)

兎に角私立学校卒業生にて官立大学に入らざるを悔ひる者はあり、官立出身者にて私立学校に学ばぬを悔ひる者はない。世には逆境にあるを名誉の如くいふ者あれど、これは愚かな事。運命の止《や》む能《あた》はずして自から順境に立ちがたきは詮なきも、初から好んで逆境の方針を取るには及ばず。吾人は地方青年が学問に於ても近道を辿らうとせずして、順路を採んことを勧める。(一五九ページ)

白鳥は一方でさきの「無教育者」によるルサンチマン的大学批判を行うとともに、他方で現実的には「学歴社会」に乗ることを勧めていた。

新しい時代の予感

白鳥の批判は、学歴社会のなかに生かざるを得なくなった庶民の一つの心情を代弁した。しかし、その同じ庶民がまた学歴社会の階梯をのぼりつめていくのである。そのための制度的なルートも確立されてきた。『学生々活』が刊行される二年前、専門学校令という法令が公布された。同令はそれまで制度的に不安定であった専門学校をはじめて法的に規定した。旧制高校―帝大へと蝟集《いしゅう》する学生生徒に対してバイパスを設定し、専門学校へ水路付けした。中等教育機関卒業生の増大をそのまま放置しておくと、帝大の門戸開放、あるいは増設要求になるので、それを避けるために専門学校を法制化したのである。この結果、同令により多くの私立学校は大学の名称を獲得する。私立云々と必ず冠を付けることを強制された。一方で多くの「大学」が出現するとともに、他方では帝大への進学ルートはさらに狭くなっていった。

帝大への進学を勝ちえたものはたんなる「立身出世」のみでなく、精神的な支え（自信）も身に着けていく。大正初期に帝大生となった青年の心境の一つは、以下に記されている。

この学士号を冠し得るまでには幾多の犠牲を払はねばならぬ、向学の念止み難きために家産を竭《つ》くし、或は経国済民の鵬志《ほうし》を抱き或は家名回復の為に其湧き返る青春の血を抑へ、志を知らざる弟妹の貧に泣くを忍び、茲《ここ》に目出度く新学士となつた人も少くあるまい。身富豪の子たり、名門の出たる身を以て、放逸寧楽其心の向ふが儘《まま》に生を遂げ得るものが、固き意志の力を以て不撓《ふとう》、不屈、友輩の平安なる生活を外に見、努力した結実が学士号である。勿論、学士号そのものには何等尊敬すべき有難きものはあるまい、然《しか》し此学士と云ふ二字の裏には、其二十余年の奮闘的学生生活の生ける歴史がある。世人の一片の敬意は無意味ではないのである。(『赤門生活』大正二年、一七六ページ)

しかし、歴史の教えるところはもっと多様である。石川啄木は、明治四十三年にこれらの青年の背後を次のように描き、新たな「敵」を見つける、新たな青年の在りようを告知していた。

時代閉塞の現状は啻《ただ》にそれら個々の問題に止まらないのである。今日我々の父兄は、大体において一般学生の気風が着実になったと言って喜んでいる。しかもその着実とは単に今日の学生のすべてがその在学時代から奉職口を心配をしなければならなくなったという事ではないか。そうしてそう着実になっているに拘らず、毎年何百という官私大学卒業生が、その半分は職を得かねて下宿屋にごろごろしているではないか。しかも彼等はまだまだ幸福な方である。前にも言った如く、彼等の何十倍、何百倍する多数の青年は、その教育を享《う》ける権利を中途半端で奪われてしまうではないか。中途半端の教育はその人の一生を中途半端にする。彼等は実にその生涯の勤勉努力をもってしてもなおかつ三十円以上の月給を取る事が許されないのである。無論彼等はそれに満足するはずがない。かくて日本には今「遊民」という不思議な階級が漸次その数を増しつつある。今やどんな僻村へ行っても三人か五人の中学卒業者がいる。そうして彼等の事業は、実に、父兄の財産を食い減す事と無駄話をする事だけである。

（『時代閉塞の現状』岩波文庫、一一六～一一七ページ）。

東京大学もまた新しい青年たちを育んでいくことになる。

参考文献

〔沿革史誌〕

東京帝国大学編『東京帝国大学五十年史』上下　昭和七年
＊東京大学にとってはじめての沿革史。戦前期の代表的な大学沿革史の一つ。
東京帝国大学編『東京帝国大学学術大観』全五巻　昭和十七年
＊東京大学を中心とした明治以降の学術発達史。総説、図書館のほか、各部局（学部学科、研究所）の歴史がある。
東京大学百年史編集委員会編『東京大学百年史』全十巻　東京大学出版会　昭和五十九〜六十二年
＊内訳は通史一〜三巻、資料一〜三巻、部局史一〜四巻。二回目の沿革史。前史を含めて昭和五十二年までを編纂する。
東京大学医学部百年史編集委員会編『東京大学医学部百年史』昭和四十二年
東京大学経済学部編『東京大学経済学部五十年史』昭和五十一年
東京大学百年史教養学部史編集委員会編『教養学部の三十年史　一九四九―一九七九』昭和五十二年
東京大学教育学部史編集委員会編『教育学部三十年記念誌』昭和五十七年
個人著作として、次のようなものがある。
安藤圓秀『農学事始め』東京大学出版会　昭和三十九年

根本曽代子『日本の薬学』南山堂　昭和五十六年
小高健『伝染病研究所』学会出版センター　平成四年
このほかに研究所、学科、研究室単位の沿革史誌が多数ある。それらについては『学内広報』に連載された「東大百年史編集室通信」(全七五号)、『東京大学史史料室ニュース』、『年譜　一八七七―一九七七―一九九七』などに沿革史誌類は紹介されている。

〔歴　史〕

大久保利謙『日本の大学』創元社　昭和十八年
＊個人によるはじめての日本の大学通史。筆者は『東京帝国大学五十年史』の編纂と執筆にあたる。
唐沢富太郎『貢進生―幕末維新期のエリート―』ぎょうせい　昭和四十九年
＊貢進生を総合的に取り上げ、プロフィールなども紹介する。
中山茂『帝国大学の誕生』中公新書　昭和五十三年
＊科学史家による帝国大学成立史論。
寺﨑昌男『日本における大学自治の成立』評論社　昭和五十七年
＊明治中期を中心にして、近代日本における大学の自治的慣行の成立を明らかにする。
寺﨑昌男『プロムナード東京大学史』東京大学出版会　平成四年
＊学部、大学院などの大学の組織、学年開始期、成績評価などの内部慣行、大学史料の保存等について述べる。

〔史　料〕

大久保利謙「第四章　資料解説（二）―大学関係」（ユネスコ東アジア文化研究センター編『資料　御雇外国人』小学館　昭和五十年）
土屋喬雄監修『（復刻）学芸志林』（全十八巻）原書房　昭和五十二年
復刻版『帝国大学新聞』（全十七巻）不二出版　昭和六十年
東京大学史史料研究会編『東京大学年報』全六巻　東京大学出版会　平成五〜六年
＊明治六年から二十三年までの年報を収録する。これ以後は『東京帝国大学五十年史料』として附属総合図書館に所蔵されている。
中野実「大学史と大学史資料」（東京大学編『学問のアルケオロジー』東京大学出版会　平成九年）

〔アルバム〕

小川一真編『東京帝国大学』明治三十三年
＊パリ万国博覧会に出品されたアルバム。明治期の赤レンガ時代の校舎群と教授陣を撮影する。
小川一真編『東京帝国大学』明治三十七年
＊フィラデルフィア博覧会に出品されたアルバム。明治三十三年版を基本として増補したアルバム。明治の赤レンガ時代の校舎群と教授陣を撮影する。
『東京大学の百年　一八七七―一九七七』東京大学出版会　昭和五十二年

＊百年記念事業の一貫として編纂された、はじめての本格的写真帳。巻末には東京大学小史（寺﨑昌男執筆）を配し、掲載写真の出典を明記した。
師岡宏次『東京大学の四季―師岡宏次写真集―』東京大学出版会　昭和六十年
＊個人によるはじめての東京大学写真集。
東京大学総合研究資料館編『東京大学本郷キャンパスの百年』東京大学出版会　昭和六十三年
＊本郷キャンパスを地形、植生、校舎、建物設計図など、多面的に取り上げる。本郷キャンパス形成史の論文もある。
東京大学史史料室編『年譜　一八七七―一九七七―一九九七』平成九年
＊一二〇周年記念事業の一貫として編集される。百年史以後の二〇年間の詳細な年譜と写真からなる。

〔紀要・ニュース〕
東京大学史料の保存に関する委員会編『東京大学史紀要』
＊年刊。一六号まで刊行。論説、資料、彙報から構成。
東京大学史史料室編『東京大学史史料室ニュース』
＊年二回。一八号まで刊行。寄稿文、東大沿革史誌関係の紹介、受贈図書、日誌から構成。

あとがき

雑誌『東京人』は、一九九六年五月号として「東京大学」の特集を組み、私は「東京大学の百二十年」の執筆依頼を受けた。この一文がすべての出発になった。『東京人』の編集者の方がどうやって私のところに辿りつかれたのか、聞いたような気がするが、記憶はすでに残っていない。東京大学の歴史ならば、もっと相応しい人物、大家がいるにもかかわらず、どうして私が依頼されたのか、という気持ちが記憶を曖昧にさせたのかもしれない。編集の方は、これまでの制度、政策を中心とした機関の統合・廃止の歴史ではなく、キャンパスを主舞台に東京大学の百二十年を書いてほしい、という趣旨を伝えてきた。これまでまったく一般雑誌にものを書くということがなかった（機会がなかった）ため、まず最初に、読むにたえる文章が果たして書けるのかといった基本的な心配が起り、ついでキャンパスを中心にした東京大学史も面白いな、と魅力も感じた。

できばえはさておき、この拙文を読まれた吉川弘文館の編集者から連絡をいただいた。拙文「東京大学の百二十年」を基本にして東京大学史を読みやすく書かないか、と誘われたのだ。はじめて書いた一般雑誌の拙文に対して、はじめての単著執筆の機会が与えられた。当初の予定は、一九九七年の創立百二十年記念事業（十〜十二月）に合わせて刊行することになっていた。しかし、筆者の所属する大学史史料室が、記念事業の一つとして年譜の作成と歴代総長の式辞告辞集の編纂とに従事することになり、さらに長年懸案になっていた『東京大学の学徒動員・学徒出陣』（東京大学出版会、一九九八年）の編集、刊行などが重なり、大幅な遅延となった。そのため、千載一遇の「売り」の好機を逸してしまったことがいまも気になる。

ところで、百二十年間の通史という注文にもかかわらず、さっそく作成した構成案は本書のそれとほぼ同じになっていた。最初の編集者との齟齬となった。当時の気持ちは、本書が基本とした浩翰な『東京大学百年史』があり、そのダイジェストは避けたい、あれば の仮定にすぎないが私の力量をいくら総動員しても百二十年間をダイナミックに展開できない、そのうえに読み物として執筆することは不可能に近い、というものであった。私の関心は、明治期の東京大学、とくに初期の東京大学の姿にあった。あまり知られていないことがらや、時代の刻印された事項などを通して、東京大学像を捉え返してみたい、と思った。すでに私の頭の中には取り上げたい事項は決まっていたような気がする。編集者の了解を得て、最初に通史を配置して、のちに各論を展開するという構成に決まった。第一次稿は昨年三月に脱稿した。しかし、一次稿はさんたんたる代物にすぎなかった。視点はフラフラ、論述はチグハグ、体裁はバラバラであった。なによりも一冊の本を書き切ることの難しさが、精神的な重荷となった。第二次稿の完成には、それから半年以上を費やした。

本書は『東京大学百年史』の成果に全面的に負っている。『百年史』の視点、見解を盗用していないか、意義と価値を落としめていないか、と心配になる。私はこの『百年史』編纂において、史料収集、執筆、校訂などを担当して、研究者として一人立ちさせてもらった。私の勤務する大学史史料室は「東京大学百年史編集室」の後身に当たり、東京大学関係諸資料の収集、保存、活用を図るために設置された。日本の大学においては数少ない大学アーカイヴズの一つに当たる。本書において用いた諸史料は、ほとんどが大学史史料室にて公開されている。

最後に「東京大学百年史編集室」の先生方、先輩、同僚、事務局職員の方々にお礼を申し上げたい。故土田直鎮先生、寺﨑昌男先生（現、桜美林大学）、稲垣栄三先生、伊藤隆先生（現、政策研究大学院大学）、益田宗先生にはいつも温かく励ましていただいた。とくに寺﨑先生には、『百年史』編纂とのかかわりを作っていただいたことはいうに及ばず、研究者として育てていただいた。記して感謝の意を表したい。

さらに、小熊伸一（文教大学女子短期大学部）、米田俊彦（お茶の水女子大学）、西山伸（京都大学）の各氏には草稿を読んでいただいた。厳しい批判、意見は、本書を完成させるために絶大な力となった。

現大学史史料室の高橋進室長（大学院法学政治学研究科）をはじめ、室員、本部事務局総務課の方々には、いつも私の活動を支えていただき、感謝のことばもありません。

一九九九年五月

中野　実

著者紹介

一九五一年、東京都生まれ
一九七四年、立教大学文学部心理学科卒業
現在、東京大学助手（大学史史料室）

主要論文
帝国大学体制成立前史（『東京大学史紀要』第十六号）　帝国大学創設期に関する史料と文相森有礼（『教育学研究』第六六巻第二号）

歴史文化ライブラリー
71

東京大学物語
まだ君が若かったころ

一九九九年 七月一日 第一刷発行

著　者　中《なか》野《の》実《みのる》
発行者　林　英男
発行所　株式会社 吉川弘文館
東京都文京区本郷七丁目二番八号
郵便番号一一三―〇〇三三
電話〇三―三八一三―九一五一〈代表〉
振替口座〇〇一〇〇―五―二四四
印刷＝平文社　製本＝ナショナル製本
装幀＝山崎　登

歴史文化ライブラリー

1996.10

刊行のことば

現今の日本および国際社会は、さまざまな面で大変動の時代を迎えておりますが、近づきつつある二十一世紀は人類史の到達点として、物質的な繁栄のみならず文化や自然・社会環境を謳歌できる平和な社会でなければなりません。しかしながら高度成長・技術革新にともなう急激な変貌は「自己本位な刹那主義」の風潮を生みだし、先人が築いてきた歴史や文化に学ぶ余裕もなく、いまだ明るい人類の将来が展望できていないようにも見えます。このような状況を踏まえ、よりよい二十一世紀社会を築くために、人類誕生から現在に至る「人類の遺産・教訓」としてのあらゆる分野の歴史と文化を「歴史文化ライブラリー」として刊行することといたしました。

小社は、安政四年(一八五七)の創業以来、一貫して歴史学を中心とした専門出版社として書籍を刊行しつづけてまいりました。その経験を生かし、学問成果にもとづいた本叢書を刊行し社会的要請に応えて行きたいと考えております。

現代は、マスメディアが発達した高度情報化社会といわれますが、私どもはあくまでも活字を主体とした出版こそ、ものの本質を考える基礎と信じ、本叢書をとおして社会に訴えてまいりたいと思います。これから生まれでる一冊一冊が、それぞれの読者を知的冒険の旅へと誘い、希望に満ちた人類の未来を構築する糧となれば幸いです。

吉川弘文館

〈オンデマンド版〉
東京大学物語
まだ君が若かったころ

歴史文化ライブラリー
71

2017年（平成29）10月1日　発行

著　者　中《なか》　野《の》　　実《みのる》

発行者　吉　川　道　郎

発行所　株式会社　吉川弘文館
〒113-0033　東京都文京区本郷7丁目2番8号
TEL　03-3813-9151〈代表〉
URL　http://www.yoshikawa-k.co.jp/
印刷・製本　大日本印刷株式会社

装　幀　清水良洋・宮崎萌美

中野　実（1951～2002）

ISBN978-4-642-75471-2